그리스 로마 신화로 배우는
별의별 박사의
별자리 연구소

그리스 로마 신화로 배우는

별의별 박사의
별자리
연구소

글 김지현
그림 스위치
감수 이광식

파란정원

추천사

우리는 새 동네로 이사를 가면, 그 동네가 어떻게 생겼는지, 학교는 어디에 있고, 어린이 놀이터는 어디에 있는지, 이런 것들을 알고 싶어 하게 마련입니다.

'나는 대문 밖으로는 나가지 않고 집안에서만 살겠다.' 설마 이렇게 생각하는 사람은 아무도 없겠지요. 자기가 사는 동네에 대해 아무것도 모른 채 살아갈 수는 없습니다.

이런 이치는 우주에 대해서도 마찬가지입니다. 지금 우리가 사는 이 우주라는 동네가 과연 언제 태어났고, 어떻게 생긴 곳일까, 궁금해하는 것도 자연스러운 일이라 하겠습니다.

밤하늘에 아름답게 반짝이는 별들을 보면 참으로 신기하지요. 그 별들은 사실 태양과 똑같은 천체들이랍니다. 그러니까 태양의 형제라고 할 수 있지요. 그런 별들이 우리 은하에만 해도 수천억 개가 있답니다. 이처럼 우주는 알면 알수록 신비하고 놀랍고 감동적인 곳입니다. 그런 곳에 우리가 살고 있다고 생각하면, 나라는 존재가 참으로 소중하고 오늘 하루가 정말 아름답다고 생각하게 된답니다.

"놀라움과 감동을 느낄 수 없는 삶은 살 가치가 없다."고 어떤 철학자는 말했습니다. 이런 점에서 보더라도 우주를 가슴과 머리에 담고 있는 사람과 그렇지 않은 사람의 삶은 결코 같을 수가 없겠지요.

이런 까닭에서 나는 우주를 사랑하는 사람의 삶이 훨씬 아름답고 보람될

거라고 믿고 있답니다. "사람들이 하루에 한 번씩만 밤하늘의 별을 바라본다면 세상은 훨씬 아름다워질 것이다."라고 말한 아프리카의 성자 슈바이처 박사의 말도 아마 그런 뜻이지 않을까 싶습니다.

《그리스 로마 신화로 배우는 별의별 박사의 별자리 연구소》는 신화와 별자리를 같이 공부할 수 있는 재미있는 책입니다. 내용도 알차고 예쁘게 꾸며진 이 책으로 우주로 들어가는 문턱을 넘어선다면, 더 놀랍고 신비하고 아름다운 세계가 여러분을 기다리고 있을 것입니다.

2018년 가을에, 별아저씨 이광식

작가의 말

어두운 밤하늘을 밝혀 주며 총총히 떠 있는 별들을 자세히 들여다본 적이 있나요? 가만히 누워 우릴 내려다보고 있는 별을 보다 보면, 광활한 우주에 마치 내가 둥둥 떠 있는 기분도 들고, 별이 금방이라도 내려와 "안녕?" 하며 말을 걸 것 같기도 해요.

이렇게 아름답고 신비한 별은 지구에 살고 있는 사람들과 오랜 인연을 맺고 있어요. 지도나 달력, 시계가 없었을 때, 길을 잃은 사람들의 길잡이가 되어 주기도 했고, 시간과 계절을 알려 주기도 했지요.

기원전 3000년 전, 바빌로니아에서 살던 칼데아 유목민들이 하늘의 별을 보며 별자리를 만들기 시작했어요. 별자리란 밝은 별을 중심으로 별들을 묶은 것인데, 별들을 더 빠르고 쉽게 찾기 위한 것이었지요. 한마디로 별들의 주소라고 할 수 있어요. 그렇게 88개의 별자리가 완성되어 지금까지 전해지고 있답니다.

용자리에 속해 있는 투반이라는 별을 찾으면 북쪽이 어디인지 알 수 있고(지금의 북극성 역할), 밤하늘에 사자자리가 보이기 시작하면 곧 봄이 오고, 오리온자리가 떠오르면 곧 겨울이 오지요. 별자리를 보면 고대인들의 삶의 지혜가 얼마나 깊었는지 알 수 있어요.

이 별자리들이 그리스에까지 전해지면서 그리스인들은 별자리에 그리스 로마 신화 속에 등장하는 사람이나 동물 이름을 붙여 주고, 사연도 심어 주었어요.

북두칠성을 품고 있는 큰곰자리와 북극성을 안고 있는 작은곰자리에는 엄마 칼리스토와 아들 아르카스의 슬픈 사연이 담겨 있고, 북쪽왕관자리에는 디오니소스의 진심 어린 사랑 이야기가 담겨 있지요. 더 많은 별자리와 이야기들이 궁금한가요? 이 책을 다 읽고 나면 여러분은 별자리와 그리스 로마 신화 박사가 되어 있을 거예요!
　자, 그럼 지금부터 아름다운 별과 별자리, 그 속에 숨겨진 그리스 로마 신화 이야기 속으로 여행을 떠나 볼까요?

별이 빛나는 10월의 어느 날 밤, 김지현

차례

1장 사계절 내내 보이는 별자리

큰곰자리와 작은곰자리 | 14
카시오페이아자리 | 20
케페우스자리 | 26
용자리 | 32

2장 봄에 보이는 별자리

사자자리 | 40
바다뱀자리 | 46
까마귀자리 | 52
북쪽왕관자리 | 58
처녀자리 | 64
목자자리(목동자리) | 70

3장 여름에 보이는 별자리

천칭자리 | 78
헤르쿨레스자리 | 84
전갈자리 | 90
뱀주인자리 | 96
거문고자리 | 102
독수리자리 | 108
백조자리 | 114
궁수자리 | 120

4장
가을에 보이는 별자리

페가수스자리 | 128
안드로메다자리 | 134
페르세우스자리 | 140
염소자리 | 146

물고기자리 | 152
양자리 | 158
물병자리 | 164
고래자리 | 166

5장
겨울에 보이는 별자리

오리온자리 | 172
큰개자리와 작은개자리 | 178
마차부자리 | 184

황소자리 | 190
쌍둥이자리 | 196
게자리 | 202

1장
사계절 내내 보이는 별자리

큰곰자리와 작은곰자리
카시오페이아자리
케페우스자리
용자리

01 큰곰자리와 작은곰자리

별이 된 그리스 로마 신화

달의 여신이자 사냥의 여신인 아르테미스를 따르는 님프 중에 칼리스토라는 처녀가 있었어요. 칼리스토는 아르테미스처럼 숲에서 사냥하는 것을 좋아했지요.

여느 날처럼 칼리스토는 숲으로 사냥을 나갔어요. 사냥감을 찾던 칼리스토는 멀리 풀을 뜯고 있는 토끼 한 마리를 발견했어요.

"이 정도 거리라면 충분히 잡을 수 있겠어!"

칼리스토는 토끼를 향해 힘껏 활시위를 당겼어요. 토끼가 뒤늦게 눈치를 채고 도망가려 했지만, 칼리스토가 쏜 화살은 정확히 토끼에 명중했지요.

"잡았다!"

그런데 그 모습을 누군가가 조용히 지켜보고 있었어요. 바로 올림포스 최고의 신이자 바람둥이 신 제우스였어요. 아름다운 칼리스토를 보고 그냥 지나칠 제우스가 아니었지요.

'활을 쏘는 모습이 정말 예쁘군! 한번 이야기를 나누고 싶은데……. 헤라한테 안 들키고 어떻게 다가간담?'

"아, 그래! 바로 그거야!"

제우스는 아르테미스로 변신해 칼리스토에게 조심스럽게 다가갔어요. 칼리스토는 제우스에게 깜빡 속아 넘어갔지요.

얼마 뒤 칼리스토는 자신이 임신한 것을 알고 깜짝 놀랐어요.

"큰일이네. 여긴 임신한 여자들은 살 수 없는 곳인데……."

쫓겨나기 싫었던 칼리스토는 임신한 것을 숨기려 했지만, 결국 친구들에게 들키고 말았어요. 마침내 칼리스토는 아르테미스의 곁을 떠나야 했지요.

칼리스토는 홀로 숲에서 아르카스라는 남자아이를 낳았어요. 이 소식은 제우스의 아내 헤라의 귀에까지 들어갔어요.

"뭐? 칼리스토가 제우스의 아들을 낳았다고? 겁도 없구나, 절대 가만두지 않겠다!"

헤라는 한걸음에 칼리스토에게 달려갔어요.

"칼리스토, 너는 죽을 때까지 커다란 곰으로 살게 될 것이다!"

헤라의 말이 끝나기도 전에 칼리스토의 몸에서 털이 자라나기 시작했어요. 털은 이내 그녀의 온몸을 뒤덮고, 곰처럼 울부짖을 수밖에 없었어요. 칼리스토는 어쩔 수 없이 아르카스만 남겨두고 깊은 숲으로 도망쳤어요.

그로부터 15년 뒤, 멋진 청년으로 성장한 칼리스토의 아들 아르카스가 사냥을 하고 있었어요. 칼리스토의 재능을 물려받아 훌륭한 사냥꾼으로 자라났지요.

"오늘은 어떤 동물을 잡을까?"

그때였어요! 저 멀리 커다란 곰이 아르카스를 향해 힘껏 달려오고 있는 게 아니겠어요?

"곰이잖아! 오늘은 곰을 잡을 수 있겠구나!"

아르카스는 망설이지 않고 자신을 향해 뛰어오는 커다란 곰을 향해 화살을 날렸어요. 하지만 안타깝게도 그 곰은 아르카스의 어머니인 칼리스토였어요. 15년 만에 아들을 본 칼리스토는 자신의 모습이 곰인 것을 잊은 채 반가운 나머지 달려갔던 것이었지요.

이 모습을 본 제우스는 크게 안타까워했어요.

"안 되겠다. 두 사람 모두 하늘의 별자리가 되어라!"

그렇게 엄마 칼리스토는 큰곰자리가, 아들 아르카스는 작은곰자리가 되었답니다.

큰곰자리와 작은곰자리

02 카시오페이아자리

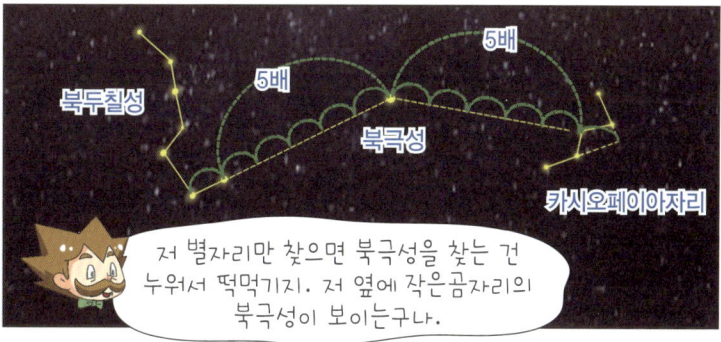

별이 된 그리스 로마 신화

"어쩜! 이 얼굴은 하늘에서 내려준 게 틀림없어!"

에티오피아의 카시오페이아 왕비는 오늘도 거울을 들여다보며 자신의 미모에 흠뻑 빠져 있었어요.

"지금까지 나보다 아름다운 사람은 본 적이 없거든. 너희는 어찌 생각하느냐? 이 세상에서 가장 아름다운 사람이 누구지?"

카시오페이아의 질문에 시녀들은 머리를 숙이며 한목소리로 대답했어요.

"세상에서 가장 아름다운 사람은 카시오페이아 여왕님이십니다."

"호호! 너희들이 봐도 역시 내가 가장 아름답나 보구나."

그리고 얼마 뒤, 에티오피아의 왕 케페우스와 카시오페이아 사이에서 예쁜 공주가 태어났어요. 바로 안드로메다 공주였지요.

"어머나, 세상에! 내가 이렇게 예쁜 딸을 낳다니. 정말 믿을 수가 없구나!"

안드로메다는 크면 클수록 더 아름다워졌어요. 카시오페이아의 자만심과 허영심은 더욱 심해졌지요. 카시오페이아는 결국 해서는 안 될 말을 하고 말았어요.

"내 딸 안드로메다는 네레이스보다 훨씬 아름답지! 아마 네레이스들의 미모를 다 합쳐도 안드로메다를 따라올 수 없을 거야!"

이 말은 네레이스에게까지 흘러들어갔어요. 네레이스는 100명에 가까운 바다의 님프들이랍니다. 카시오페이아의 말을 들은 바다의 님프들은 크게 화를 냈어요.

"카시오페이아와 안드로메다가 우리보다 더 아름답다니?"

"카시오페이아의 거만함이 하늘을 찌르는구나!"

바다의 님프들은 자만심과 오만함으로 가득한 카시오페이아를 혼내줘야겠다고 생각했어요. 그래서 바다의 신 포세이돈에게 달려갔지요.

"카시오페이아가 인간 주제에 감히 자기 딸 안드로메다가 바다의 님프인 우리보다 아름답다고 떠들고 다닌다고 합니다. 이건 신에 대한 도전이에요! 카시오페이아를 가만 두면 안 됩니다!"

"맞아요! 카시오페이아를 저대로 둔다면 다른 인간들도 저희를 우습게 볼 거예요."

네레이스의 말을 전해들은 포세이돈도 크게 분노했어요. 네레이스 중에는 포세이돈의 아내이자 바다의 여왕인 암피트리테도 있었기 때문이지요.

"감히 내 아내와 신들을 욕보이다니! 카시오페이아를 가만두지 않겠다. 에티오피아의 바다에 폭풍우를 일으켜 주마! 그리고 괴물 고래도 보내서 에티오피아의 모든 사람들을 잡아먹게 하라!"

평안하던 에티오피아의 바다에 갑자기 성난 파도가 일기 시작했어요. 거대한 괴물 고래도 바다를 건너 육지로 올라와 에티오피아 사람들과 가축들을 마구 잡아먹었지요. 이 소식을 들은 에티오피아의 케페우스 왕은 신전으로 달려가 물었어요.

"신들이시여, 이게 대체 어찌 된 일입니까? 갑자기 바다에 폭풍우가 치고 괴물 고래가 나타났습니다."

그러자 신관을 통해 신의 뜻이 담긴 신탁이 내려왔어요.

"네 아내 카시오페이아의 오만방자함 때문에 신들이 크게 노했다. 네 딸 안드로메다를 제물로 바치지 않으면 폭풍우와 괴물 고래는 사라지지 않을 것이다!"

그 말을 들은 케페우스 왕은 크게 낙담하고 말았어요. 하지만 결국 안드로메다는 괴물 고래에게 제물로 바쳐질 수밖에 없었지요.

그래도 포세이돈의 화는 가라앉지 않았고, 훗날 카시오페이아가 죽은 뒤 그녀를 하늘의 별자리로 만들어 또 다른 벌을 내렸어요.

"카시오페이아를 별자리로 올려 의자에 거꾸로 매달려 있게 하라!"

그래서 카시오페이아는 하늘에서 하루 중 절반은 거꾸로 매달려 있답니다.

한눈에 보이는 별자리
카시오페이아자리

알파별
(쉐다르)

03 케페우스자리

별이 된 그리스 로마 신화

에티오피아의 왕인 케페우스는 카시오페이아의 남편이자 안드로메다의 아버지였어요. 카시오페이아의 거만한 말 때문에 화가 난 포세이돈은 에티오피아 바다에 엄청난 폭풍우와 무시무시한 괴물 고래를 보냈지요.

케페우스는 자신의 어여쁜 딸 안드로메다를 제물로 바쳐야 하는 무서운 신탁을 받아야 했어요.

"내 귀한 딸 안드로메다를 제물로 바치지 않으면 내가 다스리는 이 나라는 멸망하게 되겠지."

카시오페이아도 눈물로 자신이 한 일을 후회했지만 되돌릴 수는 없었어요. 케페우스와 카시오페이아가 망설이자 성난 백성들이 성 앞까지 달려와 소리쳤어요.

"당장 안드로메다 공주를 내놓으시오!"

그러자 케페우스는 결심하며 소리쳤어요.

"내 딸도 소중하지만, 나는 에티오피아의 왕이다. 백성들 또한 내 자식과 마찬가지! 그러므로 나는 백성들을 모른 척할 수 없다. 안드로메다를 제물로 바칠 것이다!"

카시오페이아는 울며 케페우스에게 매달렸지만, 케페우스는 더 이상 망설이지 않았어요. 결국, 안드로메다는 바닷가 커다란 바위에 쇠사슬로 묶여 괴물 고래의 제물로 바쳐졌어요.

"나를 희생해서 나라를 구할 수만 있다면……."

안드로메다는 눈을 감고 자신의 운명을 받아들였어요.

그런데 그때, 하늘을 나는 신을 신고 그 위를 지나가던 페르세우스가 쇠사슬에 묶인 안드로메다를 발견했어요.

"아니, 저렇게 아름다운 여인이 왜 저 험한 바다 앞에 쇠사슬로 꽁꽁 묶여 있단 말인가?"

페르세우스는 멀리서 안드로메다를 지켜보고 있는 케페우스와 카시오페이아에게 날아갔어요. 그들에게서 어찌된 사정인지 자세히 들을 수 있었지요. 안드로메다의 안타까운 사연을 들은 페르세우스가 말했어요.

"저리도 아름다운 안드로메다 공주가 제물이 되어야 하다니 절대 그런 일은 있어서는 안 됩니다. 제가 안드로메다 공주를 구하겠습니다. 괴물 고래도 물리쳐 줄 테니 안드로메다 공주와의 결혼을 허락해 주십시오!"

케페우스는 페르세우스의 제안을 거절할 이유가 없었어요.

"당장 우리 딸을 구해 주시오! 구해만 준다면 무슨 소원인들 못 들어드리겠소?"

그때였어요. 괴물 고래가 안드로메다를 잡아먹기 위해 바다 위로 올라왔어요. 페르세우스는 곧장 날아가 괴물 고래를 물리쳤어요. 그리고 두려움에 떨고 있던 안드로메다의 쇠사슬을 풀어 주었지요.

"목숨을 구해 주셔서 정말 감사합니다."

"당연한 일을 한 것뿐입니다!"

케페우스는 살아 돌아온 안드로메다를 꼭 껴안았고, 페르세우스에게도 감사의 인사를 했어요.

훗날 케페우스가 죽은 뒤 포세이돈은 카시오페이아자리 옆에 케페우스를 나란히 올려 주었답니다. 그 별자리가 바로 케페우스자리예요. 그래서 이 주변의 하늘에는 안드로메다 부부와 그 부모들로 이루어진 행복한 가족이 오종종 정답게 모여 있답니다.

한눈에 보이는 별자리
케페우스자리

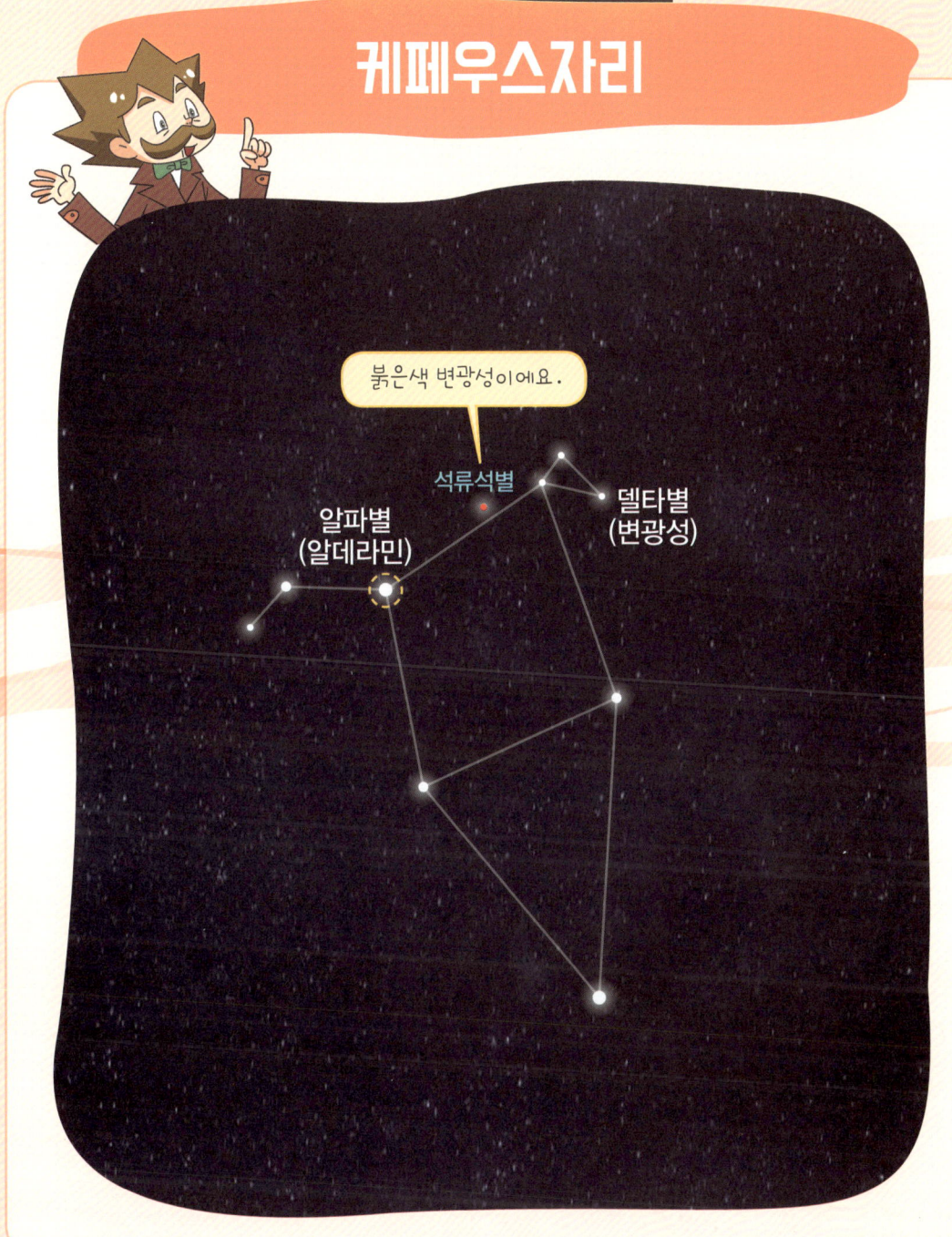

붉은색 변광성이에요.

석류석별

알파별
(알데라민)

델타별
(변광성)

04 용자리

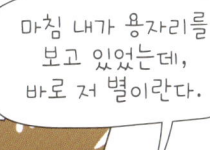

별이 된 그리스 로마 신화

제우스와 헤라가 결혼할 때, 대지의 여신 가이아는 귀한 황금 사과나무를 헤라에게 선물했어요. 헤라는 이것을 서쪽 끝 정원에 심어두고 고민했어요.

"이 귀한 것을 누구에게 보살피라고 해야 할까? 아, 그래! 황혼의 님프들인 헤스페리데스가 딱이겠군!"

그때부터 헤스페리데스는 큰 사명감을 가지고 헤라의 황금 사과 정원을 지키기 시작했어요. 그곳에 살던 백 개의 머리가 달린 라돈이라는 용도 헤스페리데스를 돕기로 했지요.

"오늘 밤은 내가 지킬 테니, 너희들은 푹 쉬어라!"

백 개의 머리는 번갈아가며 잠을 잘 수 있어서 매일 밤낮을 쉬지 않고 정원을 지킬 수 있었어요. 헤스페리데스와 라돈 덕분에 그곳은 늘 평화로웠지요.

한편, 헤라클레스는 아내와 자식들을 죽인 죄를 씻기 위해 열두 가지 임무를 완성해야 했어요. 그중 열한 번째 임무가 바로 헤스페리데스와 라돈이 철벽처럼 지키고 있는 황금 사과를 가지고 오는 것이었지요.

하지만 그 누구도 황금 사과 정원으로 가는 길을 알지 못했어요. 그곳을 아는 신은 변신의 귀재 네레우스뿐이었지요. 그 사실을 안 헤라클레스는 곧바로 네레우스에게 달려갔어요. 네레우스는 헤라클레스가 온 줄도 모르고 깊은 잠에 빠져 있었어요.

"마침 자고 있군. 황금 사과가 있는 곳을 물어보면 분명 도망치려 할 거야. 자고 있을 때 붙잡아야겠어!"

헤라클레스는 살금살금 잠든 네레우스에게 다가갔어요. 그런데 이를 눈치채고 벌떡 일어난 네레우스는 여러 모습으로 변신하며 도망치려 했어요. 하지만 힘이 세고 날쌘 헤라클레스에게 금방 붙잡히고 말았지요.

"아니, 헤라클레스! 대체 왜 이러는 거요? 내가 뭘 잘못했다고?"

"다른 뜻은 없소. 헤라의 황금 사과 정원이 어디에 있는지 알려 주시오. 그것만 알려 주면 조용히 떠나겠소."

네레우스는 할 수 없이 황금 사과 정원으로 가는 길을 알려 주었어요. 황금 사과 정원의 위치를 알게 된 헤라클레스는 다시 곧장 길을 떠났어요.

마침내 헤라클레스는 황금 사과 정원에 도착했어요. 그는 헤스페리데스를 다른 곳으로 따돌리고, 드디어 머리가 백 개 달린 용 라돈과 마주하게 되었어요.

"라돈, 한 방에 없애 주마!"

헤라클레스는 힘껏 활시위를 당겼고, 활은 라돈의 심장으로 정확히 날아갔어요. 라돈은 쓰러져 숨을 거두고 말았어요.

"이번 일은 별거 아니군!"

헤라클레스는 유유히 황금 사과를 가지고 다시 길을 떠났어요. 뒤늦게 이 소식을 들은 헤스페리데스는 슬픔을 이기지 못하고 나무가 되어 버리고 말았어요.

헤라는 황금 사과 정원을 지키던 라돈의 죽음을 안타까워하며 하늘의 별자리로 올려 주었어요. 이 별자리가 바로 용자리랍니다.

용자리

알파별
(투반)

2장
봄에 보이는 별자리

사자자리
바다뱀자리
까마귀자리
북쪽왕관자리
처녀자리
목자자리(목동자리)

01 사자자리

별이 된 그리스 로마 신화

　헤라클레스의 어머니는 지혜와 미모가 뛰어난 미케네의 공주 알크메네였어요. 헤라클레스가 태어나기 전, 그녀의 남편 암피트리온이 잠시 전쟁터에 나가게 되었어요. 이를 본 제우스는 암피트리온으로 변신해 알크메네 앞에 나타났어요. 알크메네는 제우스에게 깜빡 속아 넘어가 남편인 줄 알고 받아들였지요. 며칠 후 진짜 남편이 돌아왔고, 그 사이 제우스는 하늘로 돌아갔어요.

　얼마 뒤, 알크메네는 쌍둥이를 임신했어요. 암피트리온은 매우 기뻐하며 알크메네를 안아 주었지요. 하지만 제우스의 아내 헤라는 이 모습을 불안한 표정으로 내려다보고 있었어요.

　"제우스의 아들을 임신한 게 분명해! 제우스의 아들을 낳는 꼴을 보고만 있을 수는 없지!"

　헤라는 알크메네의 출산을 막았고, 알크메네는 아기를 낳지 못해 9일 동안이나 진통을 겪어야 했어요.

　"절대 아이들을 잃을 수 없어. 무슨 일이 있어도 낳을 거야!"

　헤라의 방해에도 불구하고 알크메네는 쌍둥이 형제 이피클레스와 헤라클레스를 낳았어요. 잔뜩 화가 난 헤라는 아기들을 죽이기 위해 독사를 보냈어요. 독사는 아기들이 잠들어 있는 바구니로 들어갔어요.

그런데 그때, 깜짝 놀랄 일이 벌어졌어요. 겨우 8개월밖에 안 된 헤라클레스가 맨손으로 독사를 꼼짝 못 하게 붙잡은 것이었어요. 암피트리온은 이 모습을 모두 지켜보고 있었어요.

"아기가 맨손으로 독사를 잡다니……. 제우스의 아들이 아니라면 불가능한 일이야."

맞아요. 헤라클레스는 제우스의 아들이었고, 이피클레스는 암피트리온의 아들이었어요. 하지만 암피트리온은 헤라클레스도 자신의 아들로 받아들이고 정성껏 키웠어요. 헤라클레스는 싸우는 법, 활 쏘는 법을 배우며 건장한 청년으로 자라났답니다.

청년으로 자란 헤라클레스는 테바이의 메가라 공주와 결혼해 행복한 가정을 꾸렸어요. 자신과 꼭 닮은 세 아들도 얻었지요. 그러나 헤라는 이 모습을 곱게 지켜보고만 있지 않았어요.

"제우스의 아들 헤라클레스! 네 행복도 여기까지다. 지금부터 미치광이가 되어라!"

헤라의 저주에 헤라클레스가 날뛰기 시작했고, 헤라클레스가 정신을 차렸을 때는 메가라와 세 아들이 모두 죽어 있었어요. 슬픔을 참을 수 없었던 헤라클레스는 신전으로 달려가 소리쳤어요.

"제가 아내와 세 아들을 죽였습니다! 이제 저는 어떻게 살아가야

합니까?"

그러자 신탁이 내려왔어요.

"메케네의 왕 에우리스테우스의 노예가 되어라. 그가 시키는 일을 모두 완수하면 그대의 죄가 깨끗이 씻길 것이다."

그렇게 헤라클레스는 자신이 지은 죄를 씻기 위해 에우리스테우스를 찾아갔고, 그에게 열두 가지 임무를 받게 되었어요. 그중 첫 번째 임무가 네메아 골짜기에 살고 있는 유성이 변하여 된 사자를 없애는 것이었어요. 이 사자는 그 근처에 있는 사람들과 가축들을 잡아먹으며 살고 있었어요.

사자를 만난 헤라클레스는 화살을 쏘았지만 두꺼운 가죽을 가진 사자를 쉽게 죽일 수 없었어요.

"좋아. 화살로 죽일 수 없다면 맨손으로 잡아 주마!"

무기를 모두 집어던진 헤라클레스는 사자와 치열한 격투를 벌였어요. 결국 헤라클레스는 사자의 목을 졸라 물리치는 데 성공했고, 그 모습을 지켜보고 있던 제우스는 무척 뿌듯해했어요.

"역시 내 아들이구나! 저렇게 강한 사자를 한방에 무찌르다니!"

제우스는 헤라클레스의 공을 기리기 위해 그가 잡은 사자를 하늘의 별자리로 올려 사자자리가 되었답니다.

사자자리

02 바다뱀자리

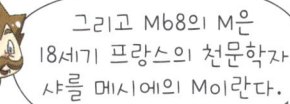

별이 된 그리스 로마 신화

"첫 번째 임무를 마치고 돌아왔습니다."

헤라클레스가 당연히 죽었을 것이라고 생각했던 에우리스테우스는 깜짝 놀랐어요.

"역시 대단해. 듣던 대로 엄청난 힘을 가졌군. 좋아, 그럼 두 번째 임무를 주겠네. 바로 레르나 늪에서 살고 있는 히드라를 처치하고 오는 것이네."

히드라는 아홉 개의 머리를 가지고 있는 물뱀이었어요. 히드라는 레르나 늪에 살면서 그 근처를 지나가는 사람과 가축을 닥치는 대로 잡아먹는 괴물이었지요. 히드라의 아홉 개 머리 중 한 개는 절대 죽지 않는 것으로 유명했어요.

두 번째 임무를 받은 헤라클레스는 레르나 늪으로 어떻게 가야 할까 고민했어요. 그때 전차를 아주 잘 끌던 조카 이올라오스가 떠올랐고, 곧바로 그를 찾아갔어요.

"이올라오스, 내가 당장 레르나 늪으로 가야 하는데 전차를 좀 끌어줄 수 있겠나?"

이올라오스는 헤라클레스의 부탁을 흔쾌히 허락하며 함께 레르나 늪으로 향했어요.

"여기가 레르나 늪이군. 이곳에 히드라가 산다고 했는데……."

헤라클레스는 전차에서 내려 조심히 주변을 살폈어요. 그리고 멀리 히드라의 소굴로 보이는 곳으로 불화살을 쏘았어요.

그때였어요! 히드라가 불화살을 피해 늪을 빠져나왔어요.

"절대 놓칠 수 없지!"

헤라클레스가 달려가 히드라와 치열한 격투를 벌였어요. 헤라클레스가 히드라의 머리를 내리치면 그 머리가 갈라지며 두 개가 되었어요. 싸움은 끝이 날 기미가 보이지 않았지요.

"이렇게 해서는 히드라를 죽일 수 없겠어!"

헤라클레스는 조금씩 밀리기 시작했어요. 그 모습을 보고 있던 이올라오스는 발을 동동 굴렀어요.

"이러다가 히드라를 죽이기는커녕 히드라에게 잡아먹히겠어!"

그때였어요. 이올라오스에게 좋은 생각이 떠올랐어요.

"불! 불을 이용하세요!"

헤라클레스는 이올라오스의 말을 듣고 히드라의 목을 쳐냈어요. 그리고 그곳에서 새로 머리가 나오지 못하도록 재빨리 불로 지졌지요. 그랬더니 정말 새로운 머리가 나오지 않았어요.

"좋았어! 이제 네 목숨은 끝이다!"

헤라클레스는 여덟 개의 히드라 머리를 모두 잘라내고 마지막 남은 죽지 않는 목까지 베었어요. 하지만 그걸로 죽지 않을 것이라고 생각한 헤라클레스는 마지막 머리를 커다란 바위 아래 깔아 두었지요. 결국 히드라는 그렇게 죽음을 맞이하고 말았어요.

"헤라클레스 저놈 때문에 히드라가 아까운 목숨을 잃었구나!"

헤라는 죽은 히드라를 안타까워했어요. 그래서 히드라를 하늘에 올려 바다뱀자리로 만들었답니다.

별이 된 그리스 로마 신화

　　아폴론은 제우스와 레토 사이에서 태어난 아들로, 올림포스 열두 신 가운데 한 명이에요. 시와 음악, 태양, 의술, 예언의 신이지요.

　　아폴론이 인간 세상을 돌아다니며 여행을 하던 때였어요. 아폴론은 한 정원에서 아름다운 여인을 보게 되었어요.

　　"저렇게 아름다운 인간이 있었다니, 직접 눈으로 보고도 믿을 수가 없구나."

　　아폴론이 한눈에 반한 사람은 테살리아의 코로니스 공주였어요. 아폴론은 곧장 코로니스에게 달려가 무릎을 꿇고 고백했어요.

　　"코로니스, 당신의 사랑을 얻을 수만 있다면 무엇이든 하겠소!"

　　아폴론의 고백에 코로니스는 부끄러워하면서도 기뻐했어요. 결국 두 사람은 연인이 되었지요. 하지만 아폴론은 신이었기 때문에 인간 세상에만 머물 수 없었어요.

　　"올림포스에 다녀와야 하는데, 아름다운 코로니스만 남겨 두고 가는 것이 마음에 걸리는군."

　　그때 아폴론에게 좋은 생각이 떠올랐어요. 자신이 키우고 있던 하얀 까마귀를 코로니스 곁에 남겨 두기로 한 것이지요.

　　"코로니스, 내가 아끼는 까마귀를 두고 다녀오겠소. 이 까마귀가 당신을 지켜줄 거요."

하지만 사실 이 까마귀는 코로니스를 감시하기 위한 것이었어요. 말을 할 줄 아는 까마귀였기 때문에 코로니스가 하는 행동을 낱낱이 아폴론에게 전달했어요.

그러던 어느 날, 하늘에서 일을 하고 있던 아폴론에게 까마귀가 급히 날아와 소리쳤어요.

"아폴론님, 아폴론님! 큰일났습니다요. 지금 코로니스가 다른 남자를 만나고 있어요!"

"뭐라고? 인간인 주제에 신을 배신하다니!"

아폴론은 그 길로 코로니스에게 달려가 화살을 쏘았어요.

"큭…… 아폴론님……."

아폴론은 죽어가는 코로니스를 차갑게 내려다보았어요.

"마지막으로 할 말이 있느냐?"

"우리 아이……. 제 배 속에 있는 우리 아이만 살려 주세요."

이 말을 남기고 코로니스는 숨을 거두었어요. 아폴론은 그제야 까마귀가 거짓말을 한 것을 깨달았지요.

아폴론은 급히 코로니스 배에서 아기를 꺼냈어요. 그리고 까마귀를 향해 소리쳤어요.

"까마귀 네 이놈! 가만 두지 않겠다!"

아폴론은 까마귀의 깃털을 새까맣게 태우고 다시는 말을 할 수 없게 만들었어요.

그 후에도 까마귀는 아폴론 곁에 남아 심부름을 했어요.

"목이 마르구나. 물을 가져오너라."

물을 가져오던 까마귀는 나무에 탐스럽게 열린 열매를 보고는 이것이 익을 때까지 기다려 모두 따먹다 늦어 버리고 말았어요. 그러고는 물뱀과 싸우다 늦었다며 거짓말을 하려고 물이 담긴 컵과 함께 물뱀을 잡아갔지요. 그러나 아폴론의 눈을 속일 수는 없었어요.

"또 거짓말을 하다니 네가 아직도 정신을 못 차렸구나! 이 못된 까마귀, 다신 이 땅에 발을 못 딛게 해 주마!"

아폴론은 까마귀와 함께 컵과 물뱀도 힘껏 하늘로 던져 버렸어요. 그렇게 까마귀는 까마귀자리가 되었고, 컵은 컵자리가 되었어요. 까마귀는 하늘에서 물이 담긴 컵을 앞에 두고도 먹지 못하는 신세가 되었지요.

바다뱀자리는 히드라의 별자리이기도 하지만, 아폴론이 던진 물뱀이 바다뱀자리가 되었다는 얘기도 있답니다.

한눈에 보이는 별자리
까마귀자리

알파별
(알키바)

지금은 4등성 별로 알파별이 정해질 때는 가장 밝은 별이었어요.

별이 된 그리스 로마 신화

크레타 섬의 미노스 왕은 머리는 소, 몸은 인간인 괴물 미노타우로스를 바라보며 깊은 고민에 빠져 있었어요. 자신의 아내인 파시파에가 낳은 괴물이었기 때문이지요.

"대체 이 괴물을 어쩐다? 왕비가 낳았으니 죽일 수도 없고."

미노스는 고민 끝에 다이달로스를 불러 명령을 내렸어요.

"최고의 장인인 다이달로스, 한번 들어가면 그 누구도 절대 빠져나올 수 없는 건물을 만들어라!"

다이달로스는 미노스의 명대로 라비린토스라는 미궁을 완성시켰어요. 미노스는 그곳에 미노타우로스를 가두고, 아테네에서 바친 젊은이들을 미궁에 집어넣어 미노타우로스의 먹이가 되게 했어요.

이 소식을 들은 아테네의 영웅 테세우스는 크게 분노했어요.

"우리 아테네 사람들을 제물로 삼다니 참을 수 없다. 내가 직접 미궁으로 들어가서 그 괴물을 없애고 오겠다!"

그렇게 테세우스는 크레타 섬으로 가서 미노스 왕을 만났어요.

"내가 들어가서 미노타우로스를 죽이고 나올 테니, 다시는 사람을 제물로 바치라는 명령을 내리지 마시오!"

그런데 멀리서 당당하고 멋진 테세우스의 모습을 훔쳐보고 있던 사람이 있었어요. 바로 미노스 왕의 딸 아리아드네 공주였지요.

"아테네에 저렇게 멋진 분이 계셨다니!"

고민 끝에 좋은 생각이 떠오른 아리아드네는 아버지 몰래 테세우스를 만났어요.

"테세우스님! 미궁에 들어가면 절대 나올 수 없지만, 제가 돕는다면 미노타우로스를 죽이고 무사히 나오실 수 있을 거예요."

"정말이오? 당장 그 방법을 알려 주시오!"

"대신 미궁을 무사히 빠져나오신다면 절 아내로 맞아 주세요."

테세우스는 그러겠노라 약속했고, 아리아드네 공주는 미궁에서 빠져나올 수 있는 방법을 알려 주었어요.

드디어 테세우스가 미궁으로 들어가는 날이 다가왔어요.

"하하하! 천하의 영웅 테세우스라 하더라도 저 미궁을 빠져나올 수는 없을 것이다!"

미노스 왕은 미궁으로 걸어 들어가는 테세우스를 보며 비웃었어요. 그런데 잠시 뒤, 테세우스가 미노타우로스를 죽이고 미궁을 빠져나오고 있었어요.

"아니! 저길 어떻게 빠져나왔지?"

테세우스는 아리아드네가 준 실타래를 풀면서 들어갔다가 미노타우로스를 해치우고 다시 그 실을 따라 나온 것이었어요.

아리아드네는 나라와 가족을 모두 버리고 테세우스를 따라 아테네로 가는 배에 올랐어요. 아테네 사람들이 탄 배는 낙소스라는 섬에 잠시 머물게 되었어요. 그곳에서 아리아드네는 테세우스와 함께할 날들을 꿈꾸며 잠이 들었지요.

잠시 뒤, 잠에서 깬 아리아드네는 깜짝 놀랐어요. 테세우스와 사람들은 물론 자신이 타고 온 배도 떠나고 없었기 때문이에요.

"테세우스님이 날 버리고 간 거야."

아리아드네는 슬픔을 참을 수가 없었어요. 눈에서 눈물이 멈추지 않았지요.

마침 그 모습을 술의 신 디오니소스가 보게 되었어요.

"저 여인은 왜 저리 슬프게 울고 있는 것일까?"

디오니소스는 울고 있던 아리아드네를 위로하며 안아 주었어요. 디오니소스는 그녀에게 일곱 개의 보석이 박힌 왕관을 선물했고, 둘은 그렇게 부부가 되었어요.

그러나 얼마 지나지 않아 아리아드네가 죽음을 맞이했어요. 아리아드네를 진심으로 사랑했던 디오니소스는 그녀에게 선물한 왕관을 하늘에 별자리로 올려 주었어요. 이게 바로 북쪽왕관자리랍니다.

한눈에 보이는 **별자리**

북쪽왕관자리

남쪽에 비슷한 왕관자리가 생겨 '북쪽왕관자리'가 되었단다.

알파별(알페카)

북쪽왕관자리를 이루는 별들이 4, 5등성이라 2등성 알파별 알페카가 유난히 빛나 보여요.

05 처녀자리

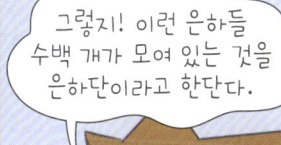

별이 된 그리스 로마 신화

올림포스 최고의 신 제우스와 땅의 여신 데메테르 사이에는 페르세포네라는 아리따운 딸이 있었어요. 페르세포네는 꽃향기를 맡으며 산책을 하고 있었지요.

그 모습을 훔쳐보고 있던 신이 있었어요. 바로 지하 세계인 저승의 신 하데스였지요.

"저렇게 많은 꽃들이 피어 있어도 페르세포네보다 아름다운 꽃이 없군! 데메테르에게 딸을 달라고 부탁하면 분명 거절할 텐데 어쩌지?"

하데스는 고민 끝에 페르세포네를 납치해 지하 세계로 끌고 갔어요. 이 사실을 알지 못했던 데메테르는 페르세포네를 9일 동안 찾아 헤맸어요. 그리고 뒤늦게 페르세포네가 지하 세계로 납치되었다는 것을 알게 되었지요.

"지하 세계라면 죽은 자들만 갈 수 있는 곳이잖아! 내 딸이 죽은 거야? 말도 안 돼! 땅의 여신인 내 딸이 죽었는데, 그 누구도 내게 알려 주지 않다니. 가만 두지 않겠다!"

데메테르가 분노하자 땅 위의 곡식, 풀, 나무, 꽃들이 모두 말라 죽고 말았어요.

한편, 페르세포네를 지하 세계로 끌고 간 하데스는 그녀를 아내로 맞이했어요. 페르세포네는 자신을 찾고 있을 어머니 생각에 눈물만 흘렸지요.

그 사이, 땅 위의 모든 것이 메말라 사람들과 동물들이 하나둘 쓰러지기 시작했어요. 이 사실을 알게 된 제우스는 곧바로 데메테르를 찾아가 달랬어요.

"데메테르, 하데스에게 페르세포네를 돌려달라고 설득해 볼 테니 잠시 기다려 보게. 하지만 페르세포네가 지하 세계의 음식을 먹었다면 나도 어쩔 수가 없소."

전령의 신 헤르메스는 제우스의 부탁을 받고 지하 세계로 내려가 하데스를 만났어요.

"하데스 신이시여, 데메테르 여신이 분노하여 땅 위의 모든 것들을 말려 버렸습니다. 이러다 지상은 말 그대로 지옥이 될 것입니다. 제우스 신께서 페르세포네를 데메테르에게 돌려보내 달라고 간곡히 부탁하셨습니다."

하데스는 짐짓 안타까워하며 말했어요.

"그래? 그런데 이걸 어쩐다? 페르세포네가 이미 지하 세계의 석류를 한 알 먹고 말았네. 지하 세계의 음식을 먹은 자는 다시 지상으로 돌아갈 수 없다는 것은 자네도 알고 있지?"

이 이야기를 들은 제우스는 고민에 빠졌어요.

"내가 부탁할 줄 알고 페르세포네에게 석류를 먹여 버렸군. 이걸 어쩌면 좋지?"

고민 끝에 제우스는 좋은 생각이 떠올랐고 다시 하데스에게 제안했어요.

"페르세포네가 1년 중 4개월은 이곳에서 지내고, 나머지는 땅 위에서 지낼 수 있도록 도와달라고? 흠, 나쁘지 않군. 그럼 데메테르도 더 이상 슬퍼하지 않겠지."

하데스는 제우스의 제안을 받아들였어요. 그렇게 해서 페르세포네는 6월 초부터 10월 초까지 지하 세계에 머물렀고, 10월에 지상으로 올라와 어머니 데메테르와 함께 지낼 수 있었어요. 처녀자리는 바로 페르세포네가 땅 위로 올라올 때의 모습이랍니다.

처녀자리

06 목자자리(목동자리)

박사님, 별 중에서 세 번째로 밝은 별이 목자자리에 있대요!

어디 있지?

아, 바로 저거구나! 별이 오렌지색이에요.

그 별은 목자자리의 알파별로 아르크투루스라고 하지. 지름이 태양보다 27배가 더 크고, 100배나 더 밝단다.

저기 태양씨 어디 계신가요?

저 여기 있어요!

우와, 태양보다 100배나 더 밝다니! 상상도 안 돼요.

그렇지?

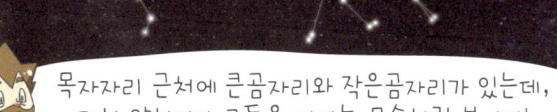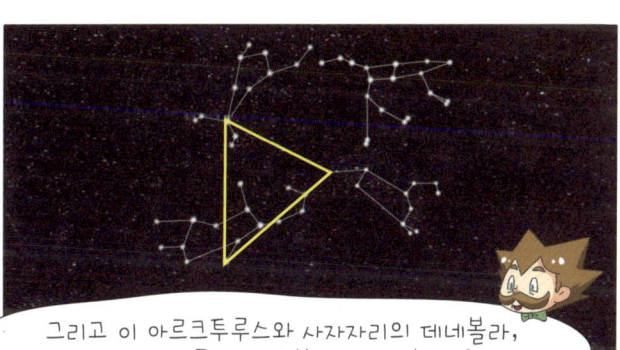

별이 된 그리스 로마 신화

　헤라클레스의 열한 번째 임무를 기억하고 있나요? 바로 헤스페리데스와 라돈이 지키고 있는 황금 사과를 가져 오는 것이었지요. 또 다른 헤라클레스의 황금 사과 이야기를 들어볼까요.

　변신의 귀재 네레우스를 통해 황금 사과 정원이 어디 있는지 알게 된 헤라클레스는 곧장 그곳으로 떠났어요. 그런데 잠시 후, 어디선가 남자의 비명소리가 들려왔어요.

　"으아아악! 제발 그만!"

　헤라클레스는 발걸음을 멈추고 조심스럽게 비명이 들리는 쪽으로 다가갔어요. 그러자 바위에 묶여 독수리에게 간을 쪼이고 있던 프로메테우스의 모습이 나타났어요.

　"아니, 저 독수리가 감히!"

　헤라클레스는 활을 쏘아 독수리를 죽이고, 프로메테우스를 구해 주었어요. 프로메테우스는 인간들에게 불을 전해 주었다는 이유로 제우스에게 벌을 받고 있던 중이었지요.

　헤라클레스가 헤라의 황금 사과를 구하러 가고 있다는 것을 안 프로메테우스는 이렇게 말했어요.

　"아틀라스가 헤라의 황금 사과를 대신 가져다 줄 수 있을 겁니다."

"아틀라스? 하늘을 떠받치고 있는 그 신 말이오?"

"네, 맞습니다."

아틀라스는 제우스와 티탄족이 싸울 때 티탄족의 편을 들었다는 이유로 서쪽 끝에서 두 어깨로 영원히 하늘을 떠받치고 있어야 하는 벌을 받게 되었지요.

헤라클레스는 곧장 아틀라스에게 달려갔어요.

"이보시오, 아틀라스! 내가 그 하늘을 잠시 떠받치고 있을 테니 헤라의 황금 사과를 가져다 주시오!"

무거운 하늘을 떠받치고 있던 아틀라스는 헤라클레스의 부탁을 기뻐하며 받아들였어요.

"황금 사과를 가져다 달라고? 이 하늘을 떠받치고 있는 일에 비하면 그건 식은 죽 먹기지!"

아틀라스는 재빨리 달려가 헤라의 황금 사과를 가지고 왔어요. 황금 사과를 들고 돌아온 아틀라스는 힘겹게 하늘을 떠받치고 있는 헤라클레스를 보니 다시 하늘을 떠받치고 있기가 싫어졌어요.

"하늘은 너무 무거워. 너는 하늘을 떠받치지 않을 거야. 헤라클레스, 미안하지만 자네가 그 벌을 대신 받아주게나."

아틀라스가 도망가려 하자 헤라클라스가 급히 소리쳤어요.

"잠깐, 잠깐만! 내가 지금 머리가 너무 아파서 그러는데, 똬리를 꽈서 머리에 얹을 동안만이라도 하늘을 들고 있어 주시오."

"내가 들고 있는 사이에 도망가려고? 흥! 어림도 없지!"

"진짜요, 진짜! 지금 내 목이 꺾여 부러질 것 같아서 그렇소. 어떻게 하면 편하게 받칠 수 있는지도 좀 가르쳐 주시오!"

아틀라스는 헤라클레스를 보며 잠시 고민했어요.

"흠, 그 고통은 내가 아주 잘 알고 있지. 좋아, 내가 하늘을 받칠 수 있는 방법을 알려줄 테니 자네는 얼른 똬리를 만들게."

아틀라스는 황금 사과를 바닥에 내려놓고 헤라클레스에게 하늘을 건네받았어요.

"후, 하늘은 정말 무겁군. 황금 사과를 가져다 주어서 정말 고맙소. 그럼 이만……."

헤라클레스는 아틀라스가 가지고 온 황금 사과를 들고 그대로 길을 떠났어요.

"이봐! 어디 가는 거야? 거기 서!"

아틀라스가 다급히 헤라클레스를 불러 세웠지만, 때는 이미 늦어 헤라클레스의 모습은 보이지 않았어요. 훗날 아틀라스는 목자자리가 되어 지금도 하늘을 떠받치고 있답니다.

목자자리

알파별(아르크투루스)

하늘에서 세 번째로 밝은 별이에요.

3장
여름에 보이는 별자리

천칭자리
헤르쿨레스자리
전갈자리
뱀주인자리
거문고자리
독수리자리
백조자리
궁수자리

01 천칭자리

별이 된 그리스 로마 신화

　이 세상은 원래 카오스였어요. 어둠과 혼돈으로 뒤섞인 커다란 덩어리에 불과했지요. 그런데 갑자기 카오스가 하늘과 땅, 물로 나뉘면서 세상이 탄생했어요.

　그리고 그곳에서 티탄족이라는 신들도 함께 탄생했지요. 가장 먼저 대지의 여신 가이아가 태어났어요. 가이아는 하늘의 신 우라노스를 낳았고, 가이아와 우라노스 사이에서 여러 신들이 탄생했어요. 그중 크로노스와 레아가 결혼해 제우스, 헤라, 포세이돈, 하데스 등의 신들을 낳았지요.

　신들의 세상이 어지러워지자 제우스는 티탄족을 상대로 전쟁을 일으켜 승리했어요. 그리하여 제우스는 우라노스에 이어 최고의 신이 되었답니다. 제우스는 그렇게 올림포스 신들과 함께 세상을 다스리게 되었어요.

　그리고 신들은 인간을 창조해 함께 어울려 살았어요. 이때를 황금시대라고 불러요. 황금시대는 봄만 있었기 때문에 먹을 것들이 널려 있었어요.

　"이곳이 바로 천국이구나!"

　이곳 사람들은 '싸움'이나 '미움' 같은 건 알지 못했어요. 오로지 평화만 있었지요.

한편, 제우스와 티탄족인 테미스 사이에는 아스트라이아라는 딸이 있었어요. 그녀는 정의의 여신으로 황금시대가 정말 좋았어요.

"이렇게 모두가 함께 어울려 사는 모습이 얼마나 아름다운지 몰라!"

그러던 어느 날 제우스가 사계절을 만들면서 인간들은 더위와 추위를 이길 집이 필요했고, 농사를 지어야 먹고 살 수 있게 되었어요. 황금시대가 가고 은의 시대가 시작된 거예요. 인간들 사이에서는 조금씩 다툼이 일어나기 시작했지요.

"감히 내가 힘들 게 농사지어 쌓아 놓은 농작물을 훔쳐?"

청동시대를 지나 철의 시대에 접어들자, 작은 싸움은 큰 전쟁으로 번졌어요. 정의의 여신 아스트라이아는 안절부절못했어요.

"제발 그 싸움과 전쟁을 멈춰 주세요!"

하지만 인간들은 거친 전쟁을 치르느라 아스트라이아의 목소리를 듣지 못했어요. 계속해서 서로를 죽이며 땅을 빼앗느라 정신이 없었지요.

"더는 이곳에서 살 수 없다. 모든 신은 하늘로 돌아가라!"

제우스의 명령에 모든 신은 싸우고 있는 인간들만 남겨 놓고 하늘로 올라갔어요. 하지만 유일하게 남아 있던 신이 있었어요. 바로 아스트라이아였어요.

"전 여러분을 포기할 수 없습니다. 당장 이 전쟁을 멈추고 다시 평화를 되찾는다면 신들을 다시 불러오겠어요!"

하지만 인간들은 여전히 아스트라이아의 목소리를 듣지 못했지요. 아스트라이아는 크게 실망하며 탄식했어요.

"아, 이제 이곳에서 내가 할 수 있는 일은 없어. 이렇게 전쟁을 지켜보고 있어야 하다니 너무 고통스럽구나."

결국 아스트라이아는 스스로 하늘로 올라갔어요. 그리고 그녀가 항상 들고 다니던 저울은 하늘의 천칭자리가 되었답니다.

한눈에 보이는 별자리

천칭자리

남쪽 집게발이라는 뜻을 가졌어요.

알파별(주베넬게누비)

알파별 주베넬게누비는 옛날에는 전갈자리의 집게발 쪽에 있어서 전갈자리에 속해 있다가 천칭자리로 떨어져 나왔어요.

별이 된 그리스 로마 신화

"이제 내 죄를 모두 씻었다. 나 때문에 죽음을 맞이한 나의 아내와 아들들이여, 날 용서하시오!"

헤라클레스는 드디어 열두 가지 임무를 완성했어요. 그 후 헤라클레스는 아이톨리아의 데이아네이라 공주를 만나 결혼했어요.

"이번에야말로 행복하고 평온한 삶을 살겠어!"

열두 가지 임무를 완성하느라 헤라클레스는 무척 지쳐 있었어요. 그래서 데이아네이라와 함께 이곳저곳을 여행하며 평화로운 나날을 보냈어요.

그러던 어느 날, 헤라클레스와 데이아네이라는 켄타우로스족인 네소스가 사는 강 앞에 도착했어요. 네소스는 그곳에서 강을 건너는 이들을 도와주고 있었지요.

"나는 혼자 건널 수 있소. 데이아네이라, 그대는 네소스를 타고 강을 건너오시오."

헤라클레스는 네소스에게 아내를 맡기고 먼저 강을 건너갔어요. 그런데 이상하게도 네소스는 아주 천천히 강을 건넜어요. 사실 데이아네이라에게 한눈에 반했던 네소스는 데이아네이라와 헤어지고 싶지 않았던 거예요.

"도저히 당신을 이렇게 보낼 수가 없어요. 데이아네이라, 저와 함께 가요!"

네소스는 갑자기 뒤돌아 달리기 시작했어요.

"안 돼! 헤라클레스, 도와줘요!"

그 모습을 본 헤라클레스는 크게 분노했어요.

"어떻게 찾은 행복인데! 네소스 네 놈이 이 행복을 망치려 하다니!"

헤라클레스는 히드라의 독이 묻은 화살을 힘껏 쏘았어요. 화살은 네소스를 정확히 맞혔지요. 네소스는 데이아네이라에게 자신의 피를 건네며 말했어요.

"으윽…… 데이아네이라, 이 피가 당신과 헤라클레스의 사랑을 지켜줄 것입니다. 만약 헤라클레스가 다른 여자를 만나고 있다는 의심이 든다면 제 피를 그의 옷 안에 묻혀 놓으세요. 그럼 헤라클레스는 당신에게 다시 돌아올 거예요."

네소스는 이 말을 남기고 숨을 거두었어요. 데이아네이라는 그 말을 믿고 그의 피를 보관해 두었지요.

헤라클레스와 데이아네이라는 다시 평화를 되찾았어요. 하지만 헤라클레스가 다른 여자와 만나고 있다고 의심하기 시작한 데이아네이라는 가만있을 수 없었어요.

"그래, 네소스의 피! 헤라클레스는 꼭 다시 내게 돌아올 거야!"

데이아네이라는 헤라클레스의 옷 안에 네소스의 피를 묻혔고, 그 사실을 모르는 헤라클레스는 그 옷을 입었어요. 그러자 히드라의 독이 든 네소스의 피 때문에 헤라클레스는 옷을 입자마자 온몸에 히드라의 독이 퍼져 매우 고통스러워했어요.

"헤라클레스, 정신 차려요! 제가 잘못했어요!"

뒤늦게 네소스의 피 속에 히드라의 독이 들어 있다는 것을 알게 된 데이아네이라가 울부짖었지만, 헤라클레스는 결국 숨을 거두고 말았어요.

"내 아들이 저렇게 허망하게 죽다니 믿을 수가 없다."

제우스는 직접 내려가 죽은 아들의 몸을 안고 돌아왔어요. 그리고 하늘의 별들 사이에 놓아 헤르쿨레스자리를 만들었답니다.

한눈에 보이는 별자리

헤르쿨레스자리

별자리 중 다섯 번째로 큰 별자리란다.

M13 구상성단
구상성단으로 50여만 개의 별이 모여 거대한 공 모양을 만들어요.

알파별(라스 알게티)
3등성과 4등성으로 밝기가 변하는 변광성이며 이중성이에요.

03 전갈자리

별이 된 그리스 로마 신화

"나는 바다의 신 포세이돈의 아들 오리온! 엄청 힘이 센 사냥꾼으로, 나보다 힘이 센 이는 아직까지 보지 못했어. 무엇이든 잡지 못하는 것이 없거든!"

오리온은 바다의 신 포세이돈의 아들답게 덩치가 매우 크고 힘이 센 사냥꾼이었어요. 키가 얼마나 큰지 바다에 빠지지 않고 걸어서 바다를 건널 수 있는 능력도 가지고 있었지요.

사냥을 다니며 이곳저곳을 돌아다니던 오리온은 키오스 섬에 도착했어요. 그곳에서 메로페 공주를 보고 한눈에 반하고 말았어요.

"정말 아름다운 여인이야! 내가 바로 포세이돈의 아들이니, 절대 내 청혼을 거절하지 않을 거야."

오리온은 당장 키오스 섬의 오이노피온 왕을 찾아가 말했어요.

"키오스 섬의 왕 오이노피온이시여! 저는 포세이돈의 아들 오리온으로 아주 강한 힘을 가지고 있지요. 당신의 아름다운 딸 메로페와 결혼을 시켜 준다면 평생 행복하게 해 주겠습니다! 설마 포세이돈의 아들인 제 청혼을 거절하는 건 아니시겠죠?"

오이노피온은 오랜 고민 끝에 이렇게 대답했어요.

"좋소. 내 딸 메로페와 결혼을 시켜 주지. 대신 카오스 섬에 아주 골칫덩이 괴물이 있는데, 그 괴물을 없애 주어야 하오! 힘이 세다니

이 정도 일은 식은 죽 먹기겠지!"

오이노피온은 오리온에게 딸을 시집보낼 마음이 조금도 없었어요. 포세이돈의 아들이라며 거들먹거리는 오리온이 마음에 들지 않았지요. 어떻게 쫓아낼까 고민할 시간을 벌기 위해 괴물을 없애달라고 말한 것이었어요.

괴물을 물리치고 돌아온 오리온은 오이노피온이 차일피일 결혼을 미루며 약속을 지키지 않자 메로페를 데리고 도망가려 했어요. 그 사실을 안 오이노피온은 오리온을 붙잡고 화해의 의미로 술을 권했어요.

"자, 내일 내 딸 메로페와 결혼식을 올려줄 테니, 이 술을 마시고 함께 흠뻑 취해 보세!"

기분이 좋아진 오리온은 오이노피온이 권하는 술을 쉬지 않고 계속 마셨어요.

"힘만 센 줄 알았더니 술도 아주 잘 마시는군. 마음에 들어!"

결국 오리온은 술에 취해 쓰러지고 말았어요.

"어리석은 것, 감히 내 딸을 탐내다니. 너 같은 녀석에게 내 딸을 보낼 생각은 조금도 없다!"

오이노피온은 술이 취해 잠든 오리온을 바다에 던져 버렸어요.

바다에 빠진 오리온은 두 눈을 잃은 채 겨우 목숨만 건졌지요. 다행히 태양의 신 헬리오스의 도움을 받아 시력을 되찾을 수 있었어요.

오리온은 오이노피온에게 복수하기 위해 그를 찾아갔지만 어디에서도 찾을 수가 없었어요. 오리온은 오이노피온을 찾는 것을 포기하고 길을 떠났어요.

얼마 후 크레타 섬으로 가게 된 오리온은 달의 여신이자 사냥의 여신인 아르테미스를 만나 사랑에 빠지게 되었어요. 하지만 아르테미스의 오빠인 아폴론 또한 오리온이 맘에 들지 않았지요.

"거만하기 짝이 없는 저놈이 감히 내 여동생에게 찝쩍대다니!"

여느 날처럼 오리온은 아르테미스와 사냥을 하고 있었어요. 오리온은 아르테미스에게 거만한 말투로 말했어요.

"나는 이 지상의 모든 짐승을 모조리 잡을 수 있지."

이 말을 들은 대지의 여신 가이아는 분노하며 오리온을 벼르고 있었어요. 고민 끝에 가이아는 독을 품은 거대한 전갈을 올려 보냈고, 치열한 전투를 벌였던 전갈은 죽음을 맞게 되었어요.

가이아는 오리온에게 죽임을 당한 전갈을 안타까워하며 하늘에 별자리로 올려 주었어요. 이 별자리가 바로 전갈자리랍니다.

전갈자리

04 뱀주인자리

별이 된 그리스 로마 신화

아폴론은 까마귀의 거짓말 때문에 사랑하는 코로니스에게 화살을 쏘았고, 결국 코로니스는 죽고 말았어요.

"코로니스…… 내가 잘못했어. 어리석은 까마귀 말만 믿다니……."

까마귀의 거짓말을 알게 된 아폴론은 크게 슬퍼했어요. 그리고 죽은 코로니스의 배 속에서 자신의 아이를 꺼냈지요.

"한눈에 봐도 영특해 보이는 게 내 아들이 틀림없어! 눈빛을 보니 절대 평범한 아이가 아니야!"

아폴론은 아이에게 아스클레피오스라는 이름을 지어 주고, 많은 신을 훌륭하게 키워 낸 케이론을 만나러 갔어요. 케이론은 아폴론에게 음악, 의술, 예언술 등을 배운 제자이기도 했어요.

"내 아들 아스클레피오스네. 자네라면 이 아이를 아주 잘 키워줄 거라 믿네. 부탁하겠네."

케이론은 아스클레피오스를 받아들였어요.

"아주 영리해 보입니다. 걱정 마세요. 제가 훌륭한 청년으로 잘 키우겠습니다."

아스클레피오스는 케이론의 보살핌을 받으며 쑥쑥 자라났어요. 케이론의 어려운 의술도 쉽게 이해했지요.

"인간이라면 매우 이해하기 어려운 것들인데……. 역시 아폴론의 아들답군!"

아스클레피오스는 의술은 물론이고, 병을 고치는 데 필요한 식물과 약초들도 빠짐없이 공부했지요. 아스클레피오스의 영리함은 케이론도 따라갈 수가 없었어요.

"나는 더 이상 자네에게 가르칠 것이 없네. 인간 세상으로 내려가도 좋아."

"감사합니다. 제 의술을 아픈 인간들에게 베풀도록 하겠습니다."

아스클레피오스는 그렇게 인간 세계로 내려가 최초의 의사가 되었어요. 하지만 아스클레피오스의 의술이 아무리 뛰어난들, 인간의 죽음을 막을 수는 없었지요.

"대체 무엇으로 인간을 죽지 않고 살게 할 수 있을까?"

아스클레피오스가 연구에 몰두하고 있을 때, 뱀 한 마리가 나타나 그를 위협했어요.

"아니, 뱀이 대체 어디서 나타난 거야!"

아스클레피오스는 얼른 지팡이를 휘둘러 뱀을 때려 죽였어요. 그러자 다른 뱀 한 마리가 약초를 물고 와서 죽은 뱀에게 먹이는 게 아니겠어요? 그러자 죽은 뱀이 벌떡 일어나 재빨리 도망쳤어요.

"아니, 죽은 뱀이 살아나다니! 대체 이 약초는 뭐지?"

아스클레피오스는 뱀이 남기고 간 약초를 연구하기 시작했고, 결국 인간이 아프지 않고 영원히 살 수 있는 방법을 찾게 되었지요.

아스클레피오스의 위대한 의술로 더 이상 죽는 사람이 없었어요. 그러자 저승의 신 하데스가 크게 분노했어요.

"영원한 삶이 없는 인간에게 영원을 준 놈이 대체 누구냐! 가만두지 않겠다!"

제우스의 생각도 이와 같았어요.

"반은 인간, 반은 신인 아스클레피오스 따위가 감히 이 세계의 질서를 파괴하다니! 죽어 마땅하다!"

제우스는 불같이 화를 내며 번개를 떨어뜨렸고, 결국 아스클레피오스는 제우스의 번개를 맞고 숨을 거두었어요.

"신의 영역을 침범한 아스클레피오스는 당연히 벌을 받아야 하지만, 그 의술만은 칭찬하지 않을 수가 없다. 그 공로만은 높이 사서 별자리로 올려 주마!"

아스클레피오스는 그렇게 뱀주인자리가 되어 영원히 하늘의 별로 남게 되었답니다.

뱀주인자리

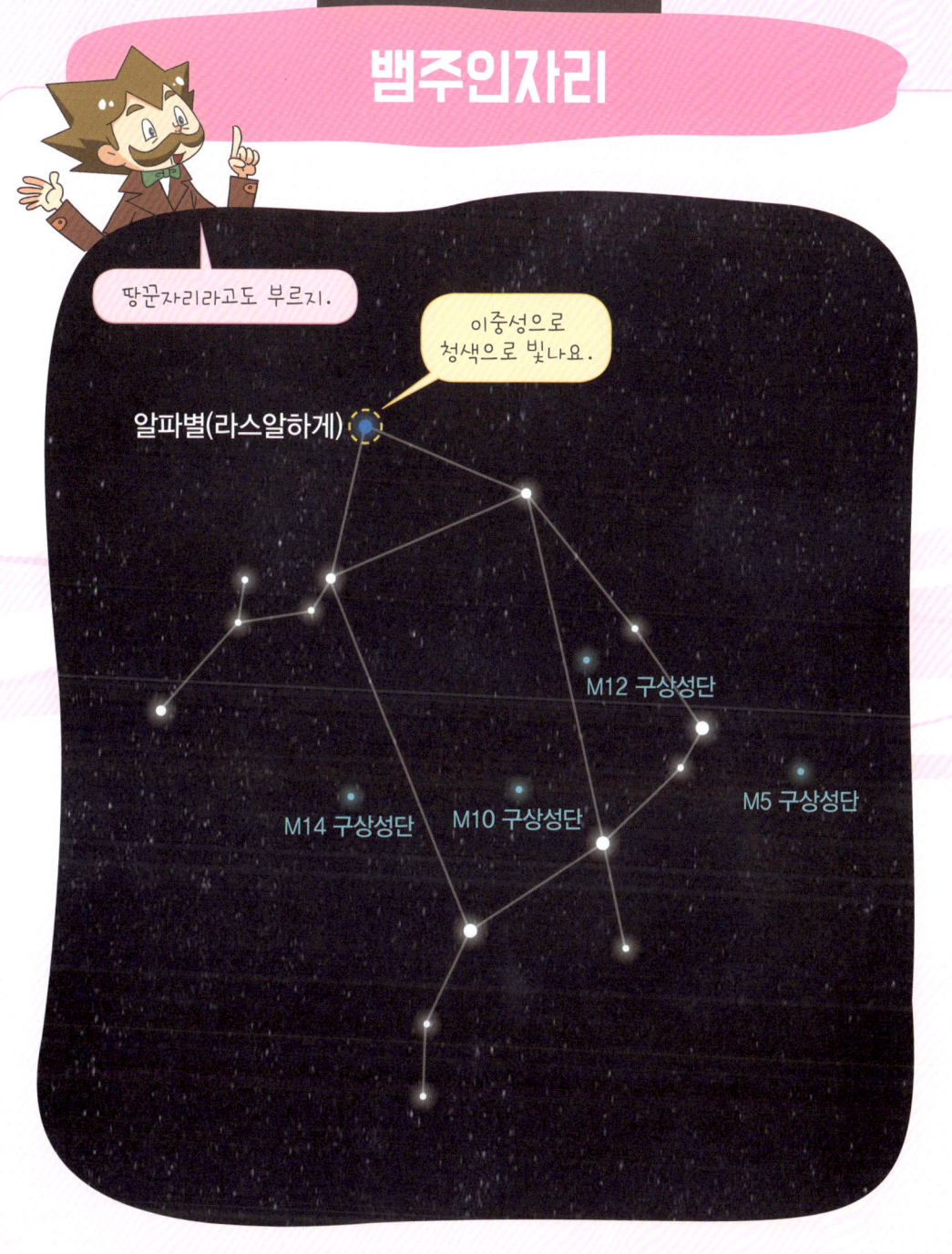

별이 된 그리스 로마 신화

전령의 신이자 도둑의 신이었던 헤르메스는 태어나자마자 이복형 아폴론이 키우던 소들을 훔쳐 동굴로 달아났어요. 그리고 그곳에서 아름다운 소리가 나는 하프 '리라'를 만들었지요.

아폴론은 뒤늦게 자신의 소들이 사라진 것을 알고 제우스에게 달려가 하소연했어요.

"나 원 참, 어이가 없어서! 이제 겨우 젖먹이인 헤르메스가 제 소들을 몽땅 훔쳐갔어요!"

제우스는 난감해하며 헤르메스를 달랬어요.

"헤르메스야, 그 소들은 어디에 쓰려고 훔친 게냐? 아폴론이 크게 화가 났으니 어서 돌려주어라."

고민을 하던 헤르메스는 소들을 이끌고 동굴 밖으로 나왔어요. 아폴론은 그 모습을 보고 크게 혼내려다가 헤르메스가 들고 있는 리라에서 나는 아름다운 소리에 반하고 말았어요. 아폴론 역시 화가 순식간에 가라앉았지요.

"대체 그 악기는 뭐냐? 그걸 주면 네 도둑질을 봐주겠다!"

헤르메스는 고개를 끄덕이며 리라를 아폴론에게 건넸어요. 아폴론은 그 리라를 자신의 아들인 오르페우스에게 선물했어요.

"이건 헤르메스에게 받은 리라다. 이보다 아름다운 음색을 내는 악기는 보지 못했다. 이걸 너에게 주마."

평소 음악을 좋아하고 악기 연주하기를 좋아했던 오르페우스는 아폴론이 건넨 리라에 푹 빠졌어요. 오르페우스가 리라로 연주하기 시작하자 사나운 맹수들도 숨죽여 그 소리를 들었지요.

그러던 어느 날이었어요. 오르페우스의 아내인 에우리디케가 독사에게 물려 갑작스럽게 세상을 떠나고 말았어요. 오르페우스는 자신이 좋아하는 리라 연주도 멈추고 하염없이 눈물만 흘렸어요.

"사랑하는 아내 에우리디케! 나만 남겨두고 어떻게 떠날 수 있소!"

슬픔을 이기지 못한 오르페우스는 큰 결심을 했어요.

"안 되겠어. 에우리디케를 직접 만나러 가야겠어!"

오르페우스는 아폴론이 준 리라를 들고 저승으로 향했어요. 저승으로 간 오르페우스는 하데스의 아내 페르세포네를 만났지요. 페르세포네는 오르페우스의 리라 연주를 듣고 크게 감동했어요.

"당신이 연주한 음악에 큰 감명을 받았어요. 제가 에우리디케를 데려갈 수 있도록 도와드리지요. 하지만 땅 위로 완전히 올라가기 전까지 절대 뒤돌아서 에우리디케를 보지 마세요. 만약 땅 위로 올라가기 전에 뒤돌아 에우리디케를 본다면 다시는 그녀를 만나지 못

할 겁니다."

오르페우스는 페르세포네에게 감사의 인사를 남기고 에우리디케와 함께 땅 위를 향해 길을 나섰어요.

"당신과 다시 만나 살 수 있다니, 정말 믿을 수가 없어!"

오르페우스는 앞만 바라보고 걸으며 말했어요.

"잘 따라오고 있는 거 맞지?"

멀리 지상의 빛이 보이자 오르페우스는 에우리디케가 잘 따라오고 있는 건지 걱정이 됐어요. 결국 페르세포네와의 약속을 저버리고 뒤를 돌아보고 말았지요. 그러자 에우리디케는 다시는 돌아올 수 없는 어둠 속으로 사라지고 말았답니다.

그 후 오르페우스는 자신의 실수를 후회하며 슬퍼하다가 숨을 거두었어요. 그러자 주인을 잃고 홀로 남겨진 리라에서 슬픈 음악 소리가 흘러나오기 시작했지요. 제우스도 그 음악 소리를 듣고 크게 감동했어요.

"오르페우스와 에우리디케 모두 안타깝구나. 영원히 이 아름다운 음악이 울려 퍼질 수 있도록 오르페우스의 리라를 하늘의 별자리로 올려 주겠다."

리라는 그렇게 거문고자리가 되었답니다.

한눈에 보이는 **별자리**

거문고자리

알파별(베가)

하늘에서 다섯 번째로 밝은 푸른색 별이에요. 우리나라에서는 직녀성이라고도 불러요.

베타별(셀리아크)

M57

행성상 성운으로 도넛처럼 고리 모양으로 생겼어요.

13일 주기로 밝기가 변하는 변광성이에요.

06 독수리자리

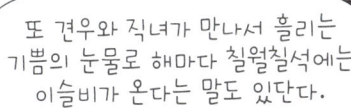

별이 된 그리스 로마 신화

트로이에 가니메데스라는 아름다운 소년이 살고 있었어요. 그는 산에서 양떼를 돌보며 평범한 나날들을 보냈어요.

그의 외모가 얼마나 빼어났는지, 신들 사이에서도 인간들 중 가장 아름답다고 소문이 짜하게 퍼져 있었지요. 이 소문은 이윽고 제우스의 귀에까지 흘러들어 갔어요.

"그렇게 아름다운 소년이 있다고?"

제우스는 몰래 인간 세계로 내려가 가니메데스를 훔쳐보았어요.

"오! 그 소문이 진짜였군. 인간 세계에서 저렇게 양치기나 하면서 살기에는 아깝구나."

다시 하늘로 올라간 제우스는 어떻게 하면 가니메데스를 하늘로 데리고 올 수 있을지 고민했어요.

올림포스 열두 신은 암브로시아라는 음식과 넥타르라는 물을 마시며 살고 있었어요. 이 음식들을 나르고 시중을 드는 일을 젊음의 여신 헤베가 하고 있었지요. 그런데 헤베가 하늘로 올라온 헤라클레스와 결혼하면서 더 이상 신들의 시중을 들 수가 없었어요. 그러자 신들은 고민에 빠졌어요.

"헤베가 없으니 앞으로 내 식사는 누가 챙겨 주지?"

신들은 저마다 자신이 생각한 사람을 추천했어요. 그 이야기를 곰곰이 듣고 있던 제우스에게 좋은 생각이 떠올랐어요!
'그래! 가니메데스에게 이 일을 시키면 그의 아름다움을 계속 볼 수 있잖아.'
제우스는 다른 신들에게 인간인 가니메데스를 적극 추천했어요. 그러자 다른 신들도 동의했지요.
제우스는 당장 독수리로 변신해 인간 세계로 내려갔어요. 저 멀리 양을 돌보고 있는 가니메데스의 모습이 보였어요.
"저게 뭐지?"
가니메데스는 땅을 향해 내려오는 독수리를 올려다보았어요.
"독수리잖아! 양들을 일단 대피시켜야겠어!"
그런데 독수리는 양이 아닌 가니메데스를 뒤쫓기 시작했어요. 가니메데스는 깜짝 놀라 독수리를 피해 뛰기 시작했지요.
'가니메데스, 멈춰라! 나는 양을 잡으러 온 것이 아니라 너를 데리러 왔다.'
"으악, 저리 가! 저리 가라고!"
하지만 가니메데스는 독수리의 날카로운 발톱에 낚아 채여 하늘로 올라갔어요. 올림포스에 도착한 독수리는 가니메데스를 내려놓고 진짜 모습을 드러냈어요.

"제, 제우스 신께서 왜 저를?"
"신들의 시중을 드는 영광스러운 일을 네게 맡기겠다!"
"그런 귀한 일을 제가요? 감사합니다, 감사합니다."
 그렇게 가니메데스는 올림포스 열두 신의 시중을 들게 되었어요.
 훗날, 제우스는 가니메데스를 칭찬하며 물병자리로 올려 주었고, 제우스가 독수리로 변한 모습은 독수리자리가 되었답니다.

한눈에 보이는 별자리

독수리자리

'나는 독수리'라는 뜻을 가진 노란색 별이에요. 우리나라에서는 견우성이라고도 불러요.

알파별
(알타이르)

07 백조자리

별이 된 그리스 로마 신화

　　아이톨리아 왕 테스티오스와 에우리테미스 사이에서 태어나 스파르타 왕 틴다레오스와 결혼한 레다 왕비가 호숫가를 거닐며 산책을 하고 있었어요.
　"잔잔한 호수가 정말 아름답구나."
　　때마침 하늘에서 인간 세계를 내려다보고 있던 제우스의 눈에 레다가 들어왔어요. 레다 주변으로 빛이 반짝 반짝거리는 것만 같았지요.
　"오오, 스파르타의 레다 왕비가 아름답다는 소문을 듣긴 했지만 저 정도일 줄이야! 그렇다면 이 제우스가 가만있을 수 없지!"
　　제우스는 당장 인간 세계로 내려가려다가 멈칫했어요.
　'아니야, 아니야. 이대로 내려갔다가 헤라에게 걸리면 끝장이야.'
　"어떻게 한담?"
　　제우스는 레다가 궁으로 돌아가 버릴까 봐 안절부절못했어요. 그러다 문득 좋은 생각이 떠올랐어요.
　'호숫가라면…….'
　"그래! 백조로 변신하면 헤라에게도 걸리지 않고, 레다에게도 자연스럽게 다가갈 수 있겠군!"
　　제우스는 당장 하얀 백조로 변신해 인간 세계로 내려갔어요. 호수를 보고 있던 레다는 아름다운 백조가 호수에 내려앉는 것을 발견했어요.

"어머나, 정말 하얗고 예쁜 백조구나. 백조야, 이리 오렴!"

그 백조는 바로 제우스였어요. 백조로 변신한 제우스는 조심스레 레다에게 다가갔어요.

"내 말을 이해하는구나! 괜찮으니 이리 와. 백조야, 널 해치지 않을 거야."

'역시 난 머리가 좋단 말이야.'

백조로 변신한 제우스는 레다에게 다가가 안겼어요.

'레다 왕비……'

제우스는 그렇게 헤라에게도 들키지 않고 자연스럽게 레다와 사랑에 빠질 수 있었지요.

얼마 후, 레다는 두 개의 알을 낳았어요.

"이게 대체 어떻게 된 일이야? 내가 알을 낳다니!"

잠시 후, 첫 번째 알이 흔들거리더니 그 속에서 카스토르라는 남자아이와 클리타임네스트라라는 여자아이가 태어났어요.

"토독 토독."

두 번째 알에서는 폴룩스라는 남자아이와 헬레나라는 여자아이가 태어났지요.

　훗날, 레다를 만나기 위해 제우스가 변신했던 백조는 하늘로 올라가 백조자리가 되었답니다.

한눈에 보이는 별자리

백조자리

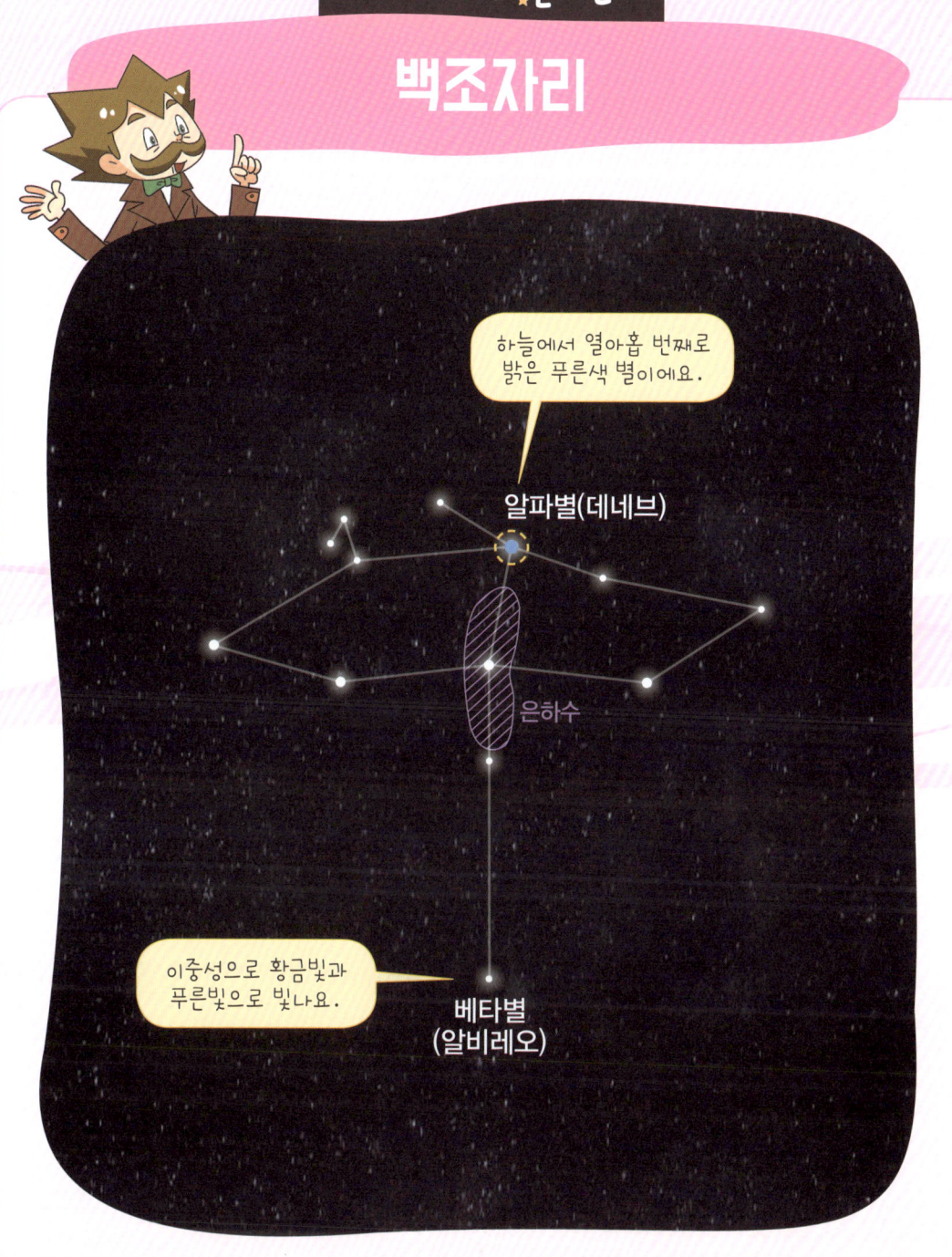

하늘에서 열아홉 번째로 밝은 푸른색 별이에요.

알파별(데네브)

은하수

이중성으로 황금빛과 푸른빛으로 빛나요.

베타별
(알비레오)

별이 된 그리스 로마 신화

아폴론의 아들 아스클레피오스를 훌륭한 의사로 키워낸 이가 있었어요. 바로 상체는 인간, 하체는 말인 켄타우로스족의 케이론이지요.

본래 켄타우로스족은 산에 사는 짐승들을 날로 잡아먹는 야만적인 종족이에요. 하지만 케이론은 난폭한 켄타우로스족과 다르게 매우 차분하고 지혜로웠어요. 아는 것이 많았던 케이론은 많은 신을 가르치는 선생님이 되었어요. 아스클레피오스를 비롯해서 헤라클레스, 아킬레우스도 케이론의 제자였지요.

헤라클레스는 아내와 자식들을 죽인 죄로 열두 가지 임무를 완수해야 했는데, 네 번째 임무는 에리만토스라는 산에 살고 있는 멧돼지를 잡는 것이었어요. 주변의 논밭과 과수원들을 모두 파헤치는 흉포한 멧돼지였지요.

"멧돼지 한 마리쯤이야, 나에겐 아무것도 아니지!"

헤라클레스는 에리만토스 산으로 향했어요.

"생각보다 멀군. 좀 쉬었다 가야겠는데……. 아, 그래! 여기서 내 친구 폴로스의 집이 멀지 않지. 거기서 좀 쉬어야겠군!"

헤라클레스는 켄타우로스족인 폴로스의 집으로 향했어요. 폴로스는 오랜만에 만난 헤라클레스를 크게 반겨 주었어요.

"어서 오게, 헤라클레스. 이게 대체 얼마 만인가?"

폴로스는 오랜만에 만난 친구 헤라클레스에게 식사 대접을 했어요.

"폴로스 자네 덕분에 아주 잘 먹었어. 그런데 혹시 포도주 없나? 옛날에 디오니소스 신이 포도주를 선물한 걸로 알고 있는데……. 그것 좀 주게."

헤라클레스의 부탁에 폴로스는 난감해했어요.

"그건 디오니소스 신께서 켄타우로스들과 때가 되면 나누어 마시라고 준 것이네. 그걸 열게 되면 다른 켄타우로스들이 가만있지 않을 거야."

"딱 한 모금만 마실 건데, 뭐 그리 야박하게 구나?"

폴로스가 말렸지만, 헤라클레스는 디오니소스가 선물한 포도주병을 따 버리고 말았어요. 결국 켄타우로스족들이 포도주 냄새를 맡고 달려왔지요.

"감히 디오니소스 신께서 주신 포도주에 손을 대? 가만두지 않겠다!"

하지만 켄타우로스족은 헤라클레스의 상대가 되지 못했어요. 헤라클레스는 히드라의 맹독이 발라져 있는 화살을 쏘며 자신에게 덤

빈 켄타우로스족을 죽이기 시작했어요. 그러자 한 켄타우로스족이 케이론에 도움을 요청하기 위해 급히 그의 동굴로 달려갔어요.

"거기 서라!"

헤라클레스는 그 뒤를 쫓아가며 맹독이 발라져 있는 화살을 쏘았고, 그 화살에 그만 케이론이 맞고 말았어요.

"스, 스승님!"

헤라클레스는 뒤늦게 후회했지만 되돌릴 수 없었어요. 불사의 몸을 가지고 있던 케이론은 죽지 못하고 매우 고통스러워했어요. 맹독을 해독할 수 있는 약도 없었지요. 케이론은 제우스에게 달려가 부탁했어요.

"제우스 신이시여, 맹독이 온몸에 퍼졌지만 죽지 못하고 있습니다. 제발 이 고통을 끝내 주십시오!"

제우스는 고통스러워하는 케이론의 모습을 안타깝게 바라보았어요. 그리고 케이론이 편안하게 죽을 수 있도록 도와주고 하늘로 올려 궁수자리의 주인으로 만들어 주었답니다.

한눈에 보이는 별자리

궁수자리

4장
가을에 보이는 별자리

페가수스자리
안드로메다자리
페르세우스자리
염소자리
물고기자리
양자리
물병자리
고래자리

01 페가수스자리

별이 된 그리스 로마 신화

아르고스의 다나에 공주에게는 페르세우스라는 아들이 있었어요. 다나에를 좋아하고 있던 세리포스의 폴리데크테스 왕에게 페르세우스는 눈엣가시였지요.

"저 녀석 때문에 다나에에게 다가갈 수가 없군. 대체 저놈을 다나에에게서 어떻게 떼어 놓을 수 있을까? 아, 그래! 고르곤의 머리를 가져오라고 해야겠군!"

폴리데크테스 왕의 명령에 페르세우스는 길을 떠나야 했어요. 고르곤은 세 명의 괴물 자매로, 셋 중 첫째와 둘째는 불사신이라서 그들을 죽이는 건 불가능했어요. 하지만 막내 메두사는 불사신이 아니었지요.

"그래, 고르곤 중 죽일 수 있는 메두사의 머리를 가져가야겠어!"

페르세우스는 여러 신들에게 청동 방패와 칼, 날 수 있는 신발, 모습이 보이지 않게 해 주는 투구, 그리고 메두사 머리를 담을 수 있는 주머니를 빌려서 길을 떠났어요.

"메두사의 눈을 보면 돌로 변한다고 하던데……. 눈을 보지 않고 어떻게 메두사를 해치울 수 있을까?"

페르세우스는 고민 끝에 좋은 생각이 떠올랐어요. 페르세우스는 청동 방패에 메두사의 모습을 비추어 눈을 마주치지 않고 단번에

목을 베었어요. 페르세우스는 재빨리 메두사의 머리를 주머니에 담고, 메두사의 언니들에게 들키지 않게 투구를 쓴 채 하늘을 날아 유유히 그곳을 벗어났지요.

페르세우스가 집으로 돌아가던 중 괴물 고래에게 제물로 바쳐진 안드로메다를 발견했어요. 안드로메다에게 한눈에 반한 페르세우스는 메두사의 머리로 괴물 고래를 처치하고 그녀를 구해 주었지요.

그런데 이때, 매우 놀랄 일이 벌어졌어요. 메두사의 머리에서 흐른 피가 바다로 떨어지자 거품이 일며 그곳에서 날개 달린 말인 페가수스가 태어난 거예요. 메두사의 죽음을 안타까워하던 포세이돈이 그녀의 피로 페가수스를 만든 것이었지요.

이렇게 바다에서 태어난 페가수스는 자유롭게 날아다니다가 벨레로폰을 만났어요. 벨레로폰은 헤라클레스와 견줄 만큼 빼어난 영웅이에요. 벨레로폰은 페가수스를 타고 입으로 불을 내뿜는 괴물 키마이라를 해치우기도 했지요. 페가수스를 타고 하늘을 누비던 벨레로폰은 점점 오만해지기 시작했어요.

"하하하, 나만큼 대단한 영웅도 없을 걸! 좋아, 페가수스를 타고 올림포스까지 올라가 볼까?"

그 모습을 본 제우스는 크게 화를 냈어요.

"인간 주제에 올림포스에 올라오겠다고? 후회하게 해 주마!"

제우스는 커다란 번개를 내렸고, 페가수스를 타고 올림포스로 올라오던 벨레로폰은 그 번개를 맞고 인간 세계로 떨어져 버렸지요.

제우스는 주인을 잃은 페가수스를 가엾게 여겨 올림포스로 데리고 왔어요. 페가수스는 올림포스에서 수명이 다할 때까지 제우스의 심부름과 제우스가 쏜 번개를 인간 세계로 나르는 역할을 했어요. 페가수스가 죽자 제우스는 크게 상심했어요.

"아름답고 착한 페가수스가 죽다니, 정말 슬프구나."

그래서 제우스는 페가수스를 가까이 두기 위해 하늘에 페가수스자리로 올려 주었답니다.

페가수스자리

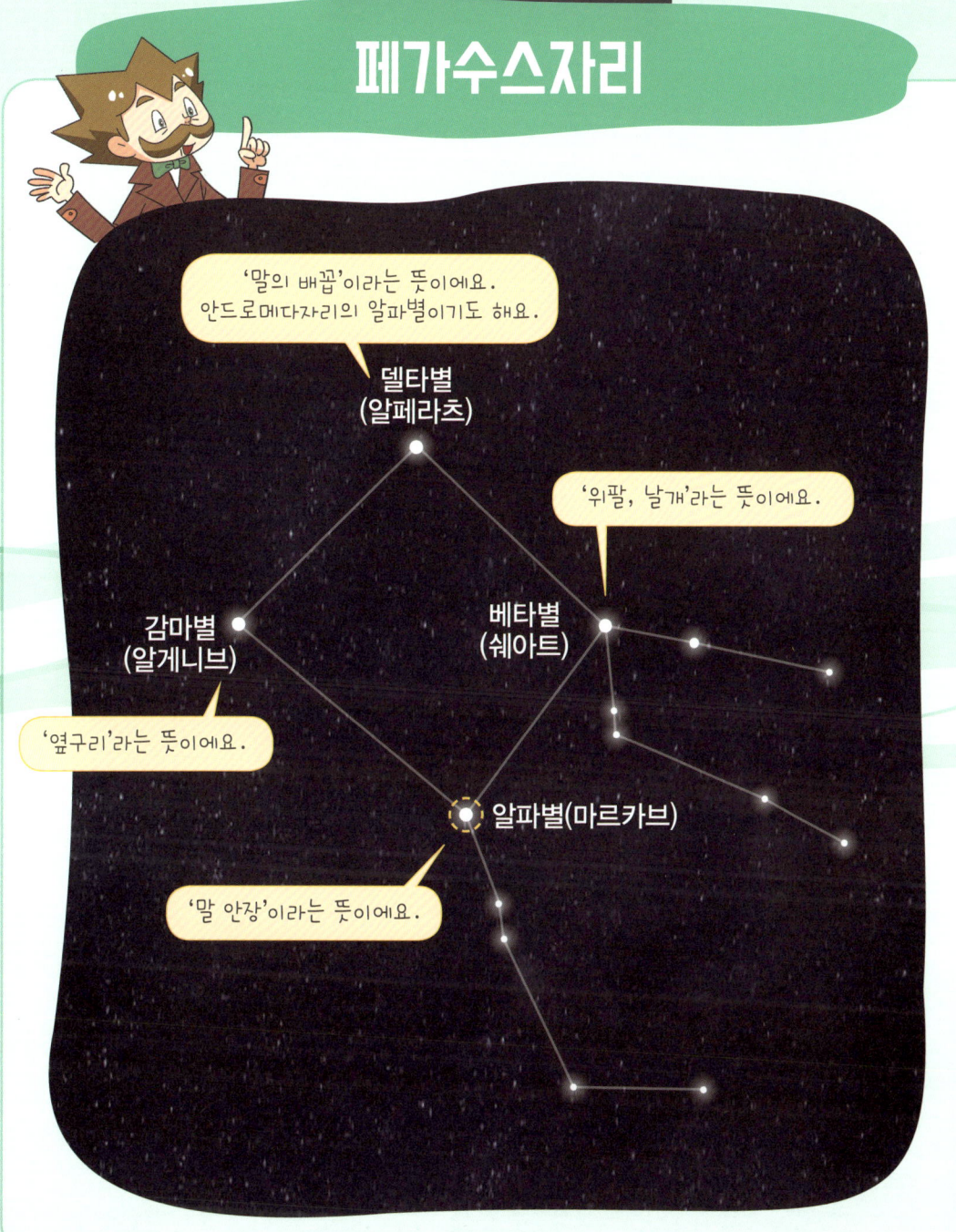

02 안드로메다자리

별이 된 그리스 로마 신화

　　에티오피아의 케페우스 왕과 카시오페이아 왕비 사이에는 안드로메다라는 아름다운 딸이 있었어요. 하지만 카시오페이아가 바다 님프들인 네레이스보다 안드로메다가 더 아름답다는 말을 하는 바람에 포세이돈의 노여움을 샀지요.

　　그래서 안드로메다는 바다의 괴물 고래에게 제물로 바쳐져야 했어요. 하지만 때마침 메두사를 해치우고 그 길을 지나던 페르세우스가 안드로메다에게 한눈에 반해 그녀를 구해냈어요.

　　페르세우스는 케페우스와 카시오페이아의 허락 아래 안드로메다와 결혼식을 올렸어요. 하지만 두 사람의 결혼식은 그리 순탄하지 않았어요. 본래 안드로메다의 약혼자였던 피네우스가 용병들을 데리고 나타난 것이었어요.

　　"내 약혼녀를 빼앗아간 페르세우스! 용서하지 않겠다!"

　　그러자 안드로메다의 아버지인 케페우스가 피네우스를 막으며 소리쳤어요.

　　"멈춰라! 안드로메다가 바위에 묶여 있을 때, 넌 대체 어디서 무얼 하고 있었던 것이냐?"

　　"그, 그건……."

　　피네우스는 우물쭈물하며 제대로 대답하지 못했어요. 그때 피네우스는 괴물 고래가 무서워 꼭꼭 숨어 있었기 때문이지요.

"안드로메다와 결혼을 하고 싶었다면 곧장 바다로 뛰어들어 괴물 고래를 물리치고 구했어야 했다! 하지만 넌 그렇게 하지 못했어. 대신 페르세우스가 용감하게 나서서 구해 주었다. 그러므로 안드로메다와 결혼할 수 있는 사람은 페르세우스다!"

"절대 그럴 수 없습니다! 제가 바로 안드로메다와 결혼할 약혼자입니다."

케페우스의 말에도 피네우스는 물러서지 않고, 페르세우스를 향해 힘껏 창을 던졌어요. 페르세우스는 재빨리 몸을 날려 창을 피했지요.

페르세우스는 피네우스를 향해 소리쳤어요.

"안드로메다의 작은 아버지이시니 조용히 돌아가시면 목숨만은 살려 드리겠습니다."

그 말에 피네우스는 크게 화를 냈어요.

"뭐라? 목숨만은 살려 주겠다고? 웃기는 소리! 그 전에 네 목숨부터 끊어 주마!"

피네우스와 그의 용병들은 그대로 페르세우스에게 달려들었어요. 페르세우스는 할 수 없이 주머니에서 메두사의 머리를 꺼내 들었어요. 그러자 순식간에 피네우스와 용병들이 모두 돌로 변해 버리고 말았어요.

　결혼 후 세리포스 섬으로 간 페르세우스와 안드로메다는 아들과 딸들을 낳아 기르며 행복하게 살았고, 죽은 뒤 안드로메다는 하늘로 올라가 안드로메다자리가 되었답니다.

한눈에 보이는 별자리

안드로메다자리

안드로메다은하는 북반구에서 눈으로 볼 수 있는 유일한 은하예요.

이중성으로 오렌지색과 청록색으로 빛나요.

M31
안드로메다은하

감마별
(알마크)

이중성이에요.

베타별
(미라크)

알파별(알페라츠)

03 페르세우스자리

별이 된 그리스 로마 신화

　아르고스의 아크리시오스 왕에게는 다나에라는 아름다운 딸이 있었어요. 예쁜 딸이 있어 행복했지만 자신의 왕위를 이어받을 아들이 없는 것이 늘 걱정이었어요. 그래서 신전으로 달려가 신들에게 부탁했어요.

　"신들이시여, 제게는 아들이 없습니다. 제 피를 이어받은 아이에게 왕위를 물려주고 싶습니다."

　그러자 신탁이 내려왔어요.

　"걱정 마라. 네 딸 다나에가 아들을 낳을 것이다. 그러나 넌 그 아이에게 죽임을 당할 것이다."

　신탁을 들은 아크리시오스는 크게 절망했어요.

　"내가 손자에게 죽임을 당한다니, 절대 그런 일이 일어나게 놔두지 않겠다!"

　아크리시오스는 다나에가 누구도 만날 수 없게 탑에 가두어 버렸어요. 이 모습을 제우스가 내려다보고 있었어요.

　"감히 내 신탁을 거부하려 하다니!"

　제우스는 황금비로 변신해 탑으로 흘러들어가 다나에를 만났어요. 그렇게 둘은 사랑에 빠졌지요. 열 달 뒤, 다나에는 홀로 탑에서 페르세우스를 낳았어요. 이 소식을 들은 아크리시오스는 한걸음에 딸과 손자에게 달려왔어요.

"다나에, 너에게 크게 실망했다! 넌 절대 아이를 낳으면 안 된다고 하지 않았느냐!"

"아버지! 부탁이에요. 제발 이 아이의 목숨만은 살려 주세요!"

아크리시오스는 차마 딸과 손자를 죽일 수가 없었어요. 그렇다고 자신을 죽일 수도 있는 손자를 곁에 둘 수도 없었지요.

결국 아크리시오스는 다나에와 페르세우스를 쪽배에 태워 먼 바다로 보냈어요. 다나에와 페르세우스는 그렇게 고향 아르고스를 떠나 세리포스 섬에 도착했어요. 그곳에서 페르세우스는 건장한 청년으로 자라났어요.

세리포스 섬의 폴리데크테스 왕은 홀로 아들을 키우는 다나에를 안타까워하며 여러모로 도와주었어요. 그러다 착하고 아름다운 다나에를 좋아하게 되었지요. 폴리데크테스는 다나에를 왕비로 맞이하고 싶었지만 다나에 옆에 딱 붙어 있는 페르세우스 때문에 다나에에게 다가가는 것이 쉽지가 않았어요. 그래서 어떻게 해야 할까 고민했지요.

"그래! 페르세우스에게 고르곤의 머리를 가지고 오라고 해야겠구나!"

페르세우스는 폴리데크테스의 명령을 받고 길을 떠났어요. 그리고 여러 신의 도움을 받아 고르곤의 막내 메두사의 머리를 자르는 데 성공했지요. 그리고 집으로 돌아가던 길에 안드로메다를 구하고 그녀와 결혼을 하게 되었어요.

폴리데크테스는 안드로메다와 함께 세리포스 섬으로 돌아온 페르세우스를 보고 깜짝 놀랐어요.

"네가 메두사를 죽이고 안드로메다를 구해서 돌아왔다고? 감히 네가? 네 주제에? 난 믿을 수 없다!"

"제 말을 믿지 못하시겠다니, 증거를 보여드리지요!"

페르세우스는 주머니에서 메두사의 머리를 꺼내 폴리데크테스를 향해 들어 보였어요.

"저게 메두……."

폴리데크테스는 죽은 메두사와 눈이 마주치자마자 돌로 변해 버리고 말았어요.

이후 페르세우스는 안드로메다와 행복한 나날을 보냈답니다. 훗날 두 사람이 죽자 아테나는 페르세우스를 페르세우스자리로, 안드로메다는 안드로메다자리로 올려 주었답니다.

페르세우스자리

04 염소자리

별이 된 그리스 로마 신화

목동과 가축의 신 판은 작은 동굴에 살고 있었어요. 그러다 심심하면 들판으로 나와 노래를 부르며 춤을 추고, 예쁜 님프들을 발견하면 그 뒤를 졸졸 쫓아다녔지요.

그러던 어느 날, 판은 여느 날처럼 들판으로 나와 노래를 부르며 가축들을 돌보다 아르테미스 여신을 모시는 나무의 님프 시링크스를 보게 되었어요.

"오, 지금껏 봐 왔던 님프들 중에 당신이 가장 아름다워요! 시링크스, 내가 노래를 불러줄 테니 조금만 같이 놀아요."

하지만 시링크스는 들이받을 듯이 빠르게 달려오는 판이 너무 무서웠어요. 그럴 만도 한 게 판은 염소의 뿔과 염소의 다리를 가지고 있었지요.

"시, 싫어요! 쫓아오지 마세요!"

시링크스는 힘껏 도망쳤어요. 하지만 곧 판에게 붙잡힐 것만 같았어요. 시링크스는 강물을 향해 소리쳤어요.

"살려 주세요! 판이 쫓아오고 있어요! 제발 도와주세요!"

그러자 강의 님프들은 겁에 질린 시링크스를 갈대로 만들어 주었어요. 판이 뒤늦게 달려와 갈대로 변한 시링크스를 붙잡았어요.

"아아, 나는 그저 당신과 잠시 노래를 부르고 춤을 추고 싶었을 뿐인데…….”

판은 갈대를 안고 슬픔에 빠졌어요. 그때였어요. 바람이 갈대를 스치고 지나가자 아름다운 음악 소리가 들려왔어요. 그 음악 소리에 흠뻑 취한 판은 그 갈대로 피리를 만들었어요.

"정말 구슬프고 아름다운 소리를 내는 피리구나. 시링크스, 이 피리에 그대의 이름을 붙이도록 할게요."

그때부터 판은 늘 시링크스라는 피리를 불고 다니기 시작했어요.

그러던 어느 날, 나일 강 근처에서 신들을 위한 축제가 열렸어요. 이런 축제에 판도 빠지지 않았지요. 판은 시링크스를 불며 춤을 추었어요. 그때였어요. 거인족 괴물인 티폰이 나타나 소리쳤어요.

"왜 나만 빼고 놀아? 모두 엉망으로 만들어 줄 테다!"

티폰은 신들 중 가장 힘이 세서 최고의 신 제우스도 그를 말릴 수가 없었어요. 티폰이 분노하며 날뛰자 축제가 열리는 곳은 금세 엉망이 되어 버리고 말았지요. 놀란 신들은 다른 모습으로 변신해 이리저리 도망치기 바빴어요.

판도 다른 모습으로 변신하기 위해 주문을 외웠어요. 그런데 마음이 급한 나머지 주문을 잘못 외워 상반신은 염소, 하반신은 물고기의 모습으로 변하고 말았지요.

"크악! 저리 가! 그만하라고, 티폰!"

제우스의 비명소리를 들은 판은 주문을 다시 외울 새도 없이 급히 달려갔어요. 그리고 티폰을 쫓아내기 위해 시링크스를 있는 힘껏 불었어요.

"삐익! 삐익!"

"으악, 그만!"

티폰은 귀가 찢어질 것 같은 시링크스 소리에 놀라 도망쳤어요.

"판, 정말 고맙다. 그대 덕분에 티폰을 쫓아낼 수 있었다."

제우스는 판에게 보답하기 위해 반은 염소, 반은 물고기 모습의 판을 별자리로 올려 주었어요. 이것이 바로 염소자리랍니다.

한눈에 보이는 별자리

염소자리

05 물고기자리

별이 된 그리스 로마 신화

　올림포스의 열두 신 중 아름다움과 사랑을 주관하는 신 아프로디테에게는 장난기 넘치는 에로스라는 아들이 있었어요.
　에로스는 사랑의 신으로 늘 황금 화살과 납 화살을 들고 다녔어요. 황금 화살에 맞은 사람은 처음 본 사람과 사랑에 빠지고, 납 화살에 맞은 사람은 처음 본 사람을 미워하게 되는 신비한 화살이었지요. 에로스는 큐피드라는 다른 이름도 가지고 있답니다. 그래서 첫눈에 어떤 사람에게 반하면 '큐피드의 화살을 맞았다.'고 하기도 해요.
　늘 장난치기 좋아하는 에로스는 우연히 숲에서 아폴론을 만났어요. 에로스가 화살을 만지작거리며 가지고 놀고 있자 아폴론이 다그쳤어요.
　"꼬마야, 그런 화살은 이 아폴론 같이 위대한 신들이 다루는 거란다. 너처럼 어린아이에게는 어울리지 않지."
　아폴론의 말에 에로스는 심술이 났어요.
　"뭐라고요? 제가 가진 화살은 그냥 화살이 아니라고요! 보실래요?"
　"하하하, 장난 그만 치고 저리 가서 놀아라!"
　에로스는 끝까지 자신을 무시하는 아폴론을 어떻게 골탕 먹일 수 있을까 고민했어요. 마침 멀리서 강의 신 페네이오스의 딸 다프네가 걸어오는 모습이 보였어요.

"좋아! 아폴론이 내 화살을 이겨낼 수 있는지 두고 보겠어."

에로스는 황금 화살은 아폴론에게, 납 화살은 다프네에게 힘껏 쏘았어요. 그러자 황금 화살을 맞은 아폴론은 다프네를 사랑하게 되었고, 다프네는 아폴론을 아주 싫어하게 되었지요.

"오, 아름다운 다프네! 나는 시와 음악과 태양과 의술과 예언의 신 아폴론입니다. 제 사랑을 받아 주세요."

"가까이 오지 마세요! 난 당신이 세상에서 가장 싫어요!"

사랑에 빠진 아폴론에게는 아무것도 들리지 않았어요. 아폴론은 뒤돌아가려는 다프네를 쫓기 시작했어요.

"제발, 제발! 쫓아오지 마세요!"

"오, 다프네! 도망치는 모습도 아름다워요."

다프네는 다급하게 강을 향해 크게 소리쳤어요.

"아버지, 살려 주세요!"

다프네가 강의 신인 아버지를 부르자 다프네는 그 자리에서 월계수 나무로 변하고 말았어요.

"내 사랑 다프네가 나무로 변해 버리다니……. 당신을 절대 잊지 않을 거예요."

아폴론은 다프네를 기억하기 위해 월계수 잎으로 월계관을 만들어 쓰고 다니기 시작했어요.

그날도 아프로디테는 이렇게 장난을 치고 돌아다니는 아들 에로스가 걱정되어 나일강 근처에서 열린 신들의 축제에 에로스를 데리고 갔어요.

그런데 신들이 축제를 벌이고 노는 모습에 화가 난 거인족 괴물 티폰이 나타났어요. 축제는 순식간에 아수라장이 되어 버리고 말았지요.

"어머나! 이거 큰일이네! 에로스! 에로스!"

놀란 아프로디테는 아들 에로스를 황급히 찾았어요. 아프로디테는 겁에 질려 구석에 웅크리고 있는 에로스를 찾아 함께 물고기로 변신해 강으로 뛰어들었어요. 혹시나 에로스를 놓칠까 봐 끈으로 연결하는 것도 잊지 않았지요. 그리고 이 모습 그대로 하늘로 올라가 물고기자리가 되었답니다.

물고기자리

알파별
(알레샤)

분광쌍성이에요.

06 양자리

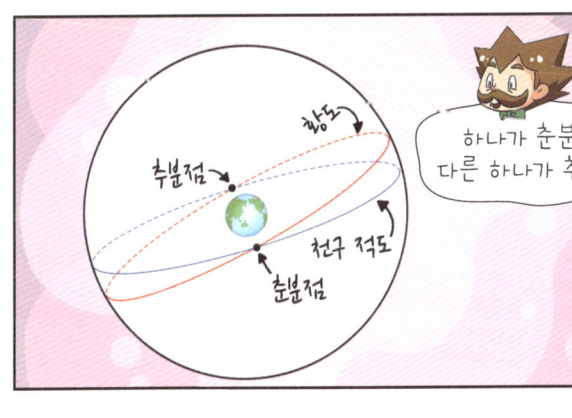

별이 된 그리스 로마 신화

오르코메노스의 아타마스 왕은 구름의 님프 네펠레와 결혼해 행복한 나날을 보냈어요.

"네펠레, 당신을 정말 사랑하오! 우리 절대 헤어지지 맙시다!"

얼마 뒤, 네펠레는 프릭소스와 헬레라는 예쁜 남매를 낳았어요. 하지만 이들의 행복은 오래가지 않았어요. 아타마스가 이노라는 여자에게 반해 버린 것이었어요.

"네펠레, 미안하지만 당신이 떠나 주시오!"

"아타마스 왕이시여, 절대 헤어지지 말자는 약속은 잊으신 건가요? 제발 다시 생각해 주세요!"

네펠레는 아타마스에게 애원했지만, 이노에게 푹 빠져 있던 아타마스는 네펠레의 말이 귀에 들어오지 않았어요. 결국 네펠레를 쫓아내고 이노와 결혼했지요.

이노는 아타마스 앞에서만 프릭소스와 헬레 남매를 예뻐하는 척했지만, 보지 않을 땐 남매를 때리며 괴롭혔어요.

그러던 어느 날, 아타마스가 이노에게 말했어요.

"당신과 결혼을 했지만, 내 후계자는 오직 프릭소스뿐이오. 후계자가 바뀌는 일은 절대 없을 거요."

"당연하지요. 프릭소스가 첫째 아들이니 왕이 되어야지요."

이노는 이렇게 말했지만 프릭소스가 왕이 되는 꼴을 두고 볼 수 없었어요.

"프릭소스가 후계자라고? 후계자는 내 아들이 되어야 해!"

결국 이노는 프릭소스와 헬레를 죽이기로 결심했어요. 어떻게 할까 고민하던 이노는 나라 전체에 있는 멀쩡한 씨앗을 싹이 트지 못하는 씨앗으로 바꾸어 놓았어요. 당연히 그해 농사는 망치고 말았지요. 오르코메노스 사람들은 아마타스에게 달려갔어요.

"씨앗이 싹을 틔우지 못한 것은 신이 분노하고 있기 때문입니다! 당장 신전으로 가서 신탁을 받아야 합니다!"

아마타스는 신전으로 달려가 신탁을 받았어요.

"다시 이 땅에 싹을 틔우고 싶다면 제우스의 분노를 달래야 한다. 당장 프릭소스를 제물로 바쳐라!"

아마타스는 신탁을 듣고 큰 슬픔에 빠졌어요. 이 모습을 지켜보고 있던 이노가 미소를 지었어요. 이 모든 일은 그녀가 꾸민 짓이었지요. 이 사실을 모르는 아마타스는 프릭소스를 제물로 바쳤어요.

"내가 제물이 되어 나라를 살릴 수만 있다면……."

그때였어요! 어디선가 황금 털을 가진 양이 나타나 묶여 있던 프릭소스는 물론 헬레까지 등에 태우고 사라져 버렸어요. 프릭소스가 제물로 바쳐진다는 소식을 들은 어머니 네펠레가 헤르메스에게 부탁해 보낸 양이었지요. 양은 프릭소스와 헬레를 태우고 콜키스 땅을 향해 힘껏 달렸어요.

"헬레! 꽉 잡아!"

하지만 바다 위를 날던 중 헬레는 눈 아래 펼쳐진 푸른 바다에 현기증을 일으켜 그만 파도 위로 떨어지고 말았어요. 프릭소스가 손을 뻗어 보았지만 헬레는 이미 바다 속으로 사라져 버린 후였어요.

양은 프릭소스만 태운 채 콜키스 땅에 도착했어요. 마침 콜키스의 아이에테스 왕이 양을 타고 날아오는 프릭소스를 보았어요.

"예사롭지 않은 청년이구나! 당장 내 딸과 결혼을 시켜야겠어!"

아이에테스는 프릭소스를 크게 환영하며 칼키오페 공주와 결혼시켰어요. 프릭소스는 그 보답으로 양의 황금 털은 아이에테스에게 선물하고, 양은 제우스에게 제물로 바쳤어요.

"비록 헬레가 바다에 빠져 죽었지만, 이 양 덕분에 프릭소스가 살 수 있었구나!"

제우스는 황금 털을 가진 양을 칭찬하며 하늘에 올려 양자리가 되게 했답니다.

양자리

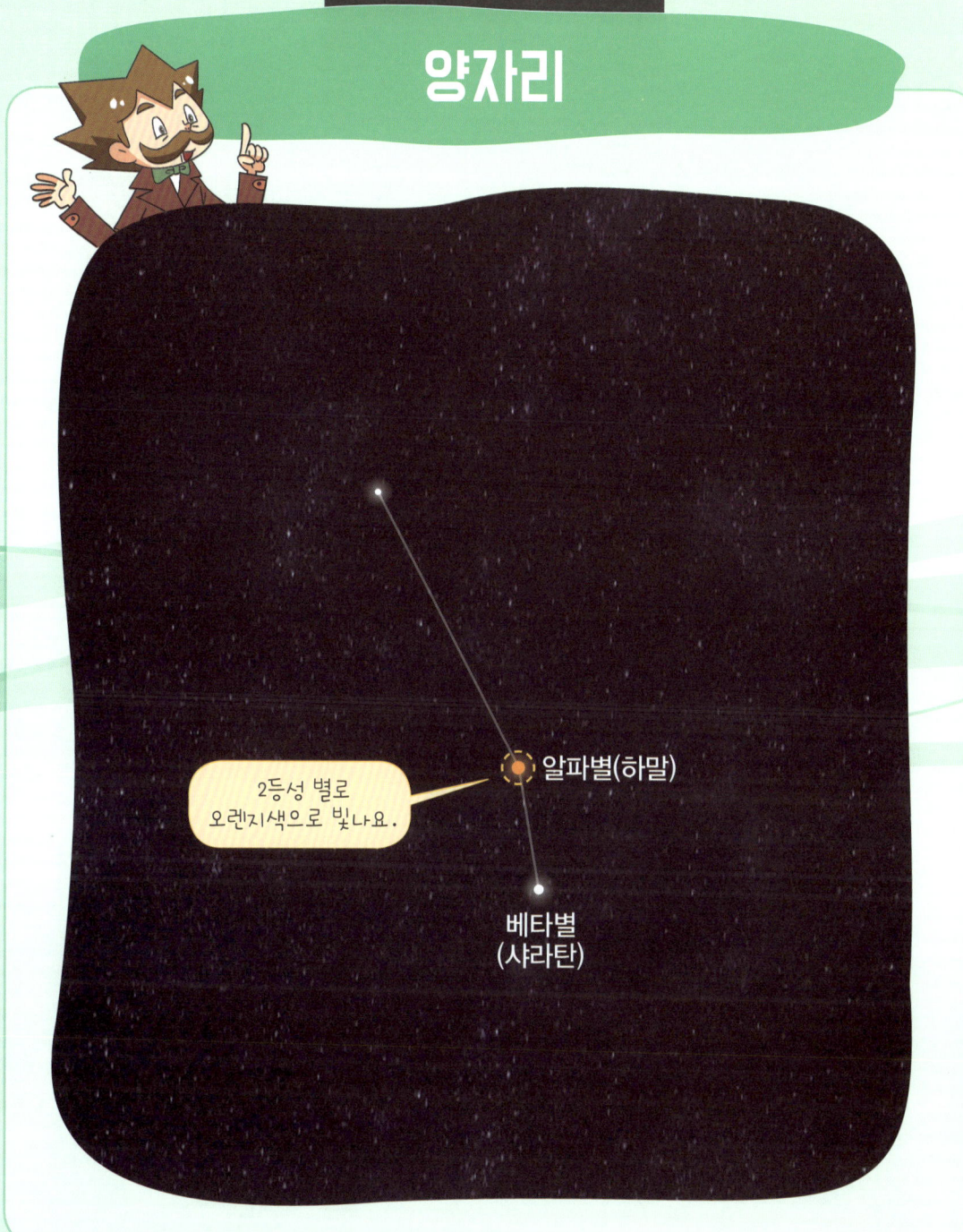

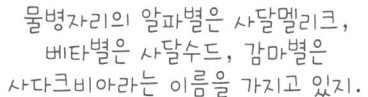

08 고래자리

한눈에 보이는 별자리

물병자리

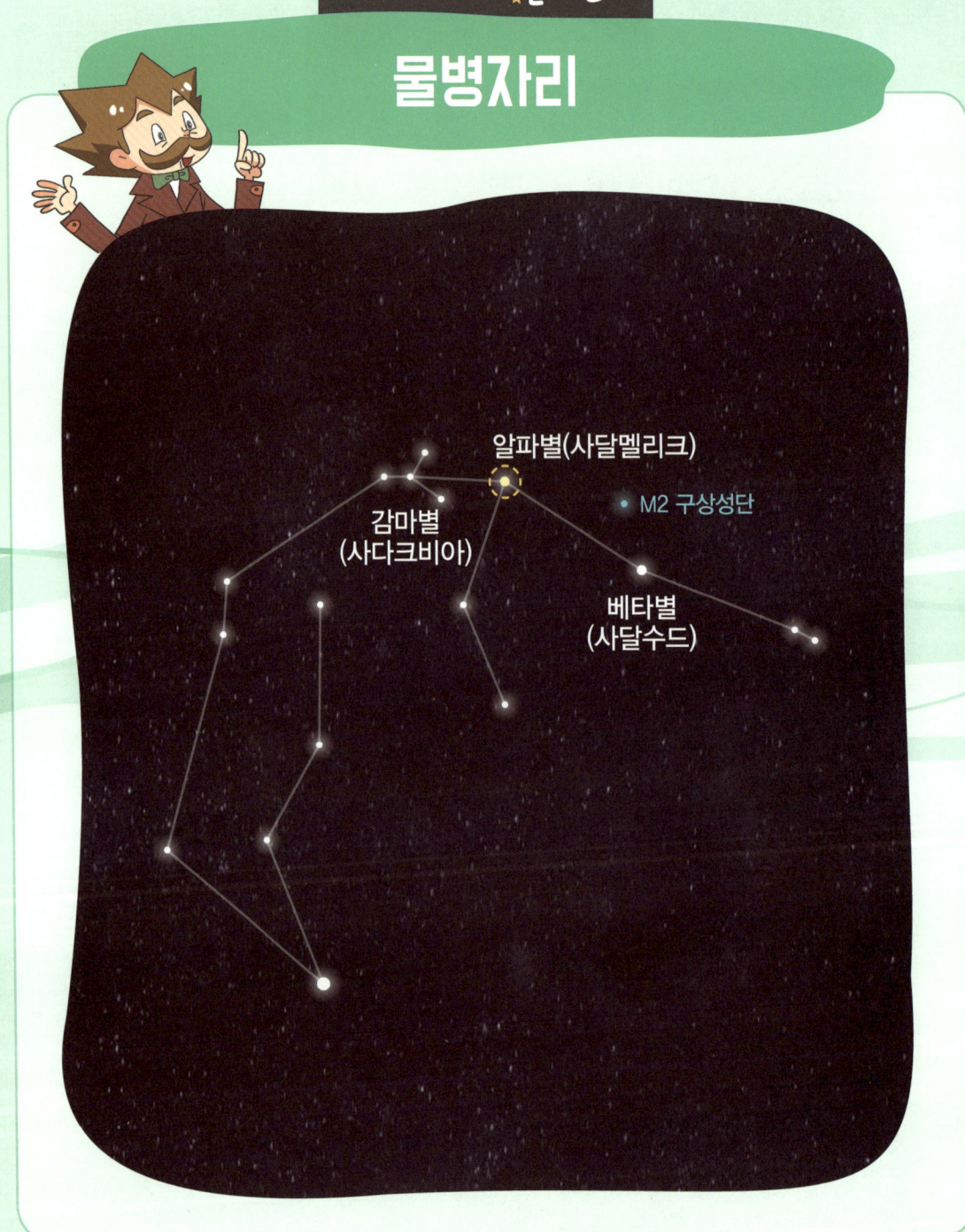

한눈에 보이는 별자리
고래자리

알파별
(멘카르)

2등성에서 10등성을 오가는 변광성으로 지름이 태양의 300배나 돼요.

미라

베타별
(데니브 카이토스)

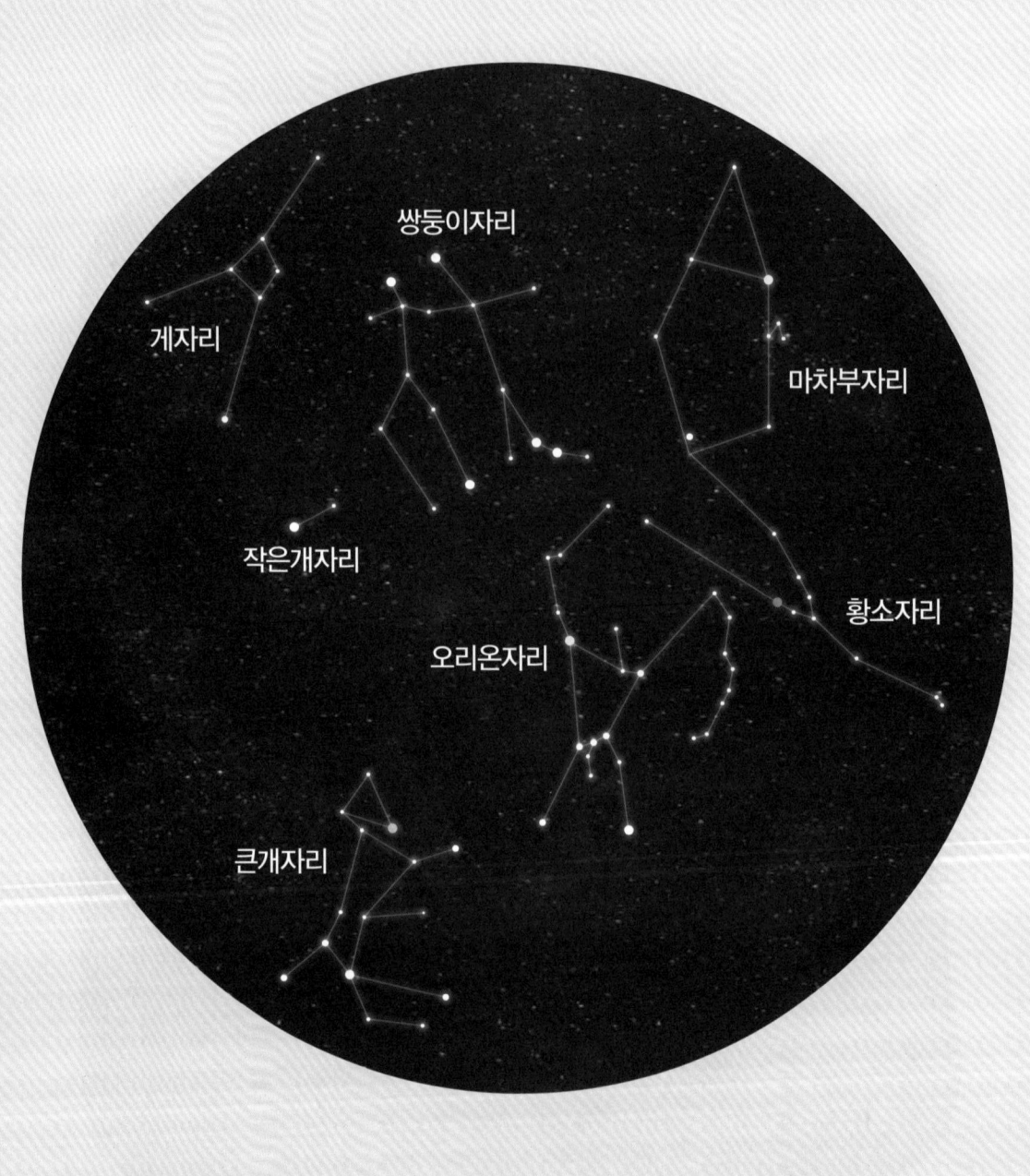

5장
겨울에 보이는 별자리

오리온자리
큰개자리와 작은개자리
마차부자리
황소자리
쌍둥이자리
게자리

01 오리온자리

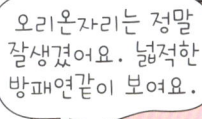

별이 된 그리스 로마 신화

포세이돈의 아들 오리온은 매우 거만한 사냥꾼이었어요. 키오스 섬의 메로페 공주와 결혼하려 했지만, 메로페 공주의 아버지 오이노피온 왕은 오리온이 마음에 들지 않았어요.

"이 섬을 어지럽히고 있는 큰 사자를 물리쳐 준다면 결혼을 시켜 주겠다. 하지만 물리치지 못한다면……."

하지만 오리온은 금방 큰 사자를 물리치고 돌아와 메로페와 결혼시켜달라고 재촉했지요. 곤란해진 오이노피온은 계략을 꾸며 술에 취한 오리온을 바다에 던져 버렸어요. 이 일로 오리온은 두 눈을 잃었다가 헬리오스의 도움을 받아 시력을 되찾을 수 있었어요.

얼마 후 크레타 섬에 도착한 오리온은 사냥을 시작했어요. 멀리 풀을 뜯고 있는 사슴을 향해 활시위를 당겼어요. 오리온이 쏜 화살은 바람을 가르고 날아가 사슴에 명중했어요.

"정말 늠름하고 멋있는 사람이구나. 누구지?"

아르테미스는 오리온이 사냥하는 모습을 보고 사랑에 빠져 버렸어요. 이후 아르테미스와 오리온은 매일 만나 사냥을 하며 점점 가까워졌지요. 두 사람이 사랑에 빠졌단 소식은 순식간에 퍼져 나갔어요. 아르테미스의 쌍둥이 남매 아폴론의 귀에도 이 이야기가 들어갔지요.

"거만하기 짝이 없는 오리온 같은 놈이 내 여동생을 넘본다고?"

그러던 어느 날, 아폴론의 눈에 바다를 걷고 있는 오리온의 모습이 보였어요. 바다 위에 머리만 둥둥 떠다니는 오리온의 모습을 보고 아폴론은 좋은 생각이 떠올랐어요. 그래서 재빨리 아르테미스를 불러왔어요.

"아르테미스! 저기 멀리 검은 점이 보이느냐? 네가 제아무리 사냥의 여신이라고 해도 화살로 저걸 맞출 수는 없겠지!"

아폴론의 말에 아르테미스는 바짝 약이 올랐어요. 아르테미스는 아폴론이 가리키는 검은 점을 향해 활을 쏘았어요. 아르테미스가 쏜 화살은 검은 점의 한가운데를 정확히 맞혔어요.

"어때? 대단하지?"

우쭐해하며 자신이 화살을 날린 쪽으로 날아간 아르테미스는 크게 놀랐어요. 자신이 맞힌 것은 바로 오리온의 머리였기 때문이에요. 뒤늦게 자신이 오리온을 죽인 것을 알고 아르테미스는 큰 충격과 슬픔에 빠졌어요.

이 소식은 제우스의 귀에까지 들어갔고, 아르테미스의 슬픔을 달래 주기 위해 오리온을 오리온자리로 올려 주었답니다.

오리온자리

02 큰개자리와 작은개자리

별이 된 그리스 로마 신화

큰개자리

"정말 아름다운 한 쌍이야!"

아테네의 프로크리스 공주와 사냥꾼인 케팔로스의 성대한 결혼식이 시작됐어요. 프로크리스는 케팔로스에게 결혼 선물로 아르테미스 여신에게 받은 세상에서 가장 빠른 사냥개 라이라프스와 무엇이든 맞힐 수 있는 창을 주었어요.

그러던 어느 날, 케팔로스는 이른 새벽부터 깊은 숲에서 사냥을 하고 있었어요. 그때, 누군가 재빠르게 다가와 케팔로스를 낚아채 잡아갔어요. 바로 새벽의 여신 에오스였어요.

"죄송해요. 당신을 사랑하게 되어서 도저히 그냥 둘 수가 없었어요. 저와 함께 가요!"

하지만 에오스는 어떤 방법으로도 케팔로스의 마음을 돌릴 수 없자 할 수 없이 그를 돌려보내기로 했어요. 케팔로스는 곧장 집으로 달려가 프로크리스를 꼭 껴안았어요.

얼마 후, 케팔로스는 마을에 매우 사납고 날쌘 여우가 나타났다는 소식을 듣고 길을 떠났어요.

"당신이 준 라이라프스와 창으로 여우를 꼭 잡고 오겠소!"

여우는 이리저리 날뛰며 사람들을 위협하고 마을의 농작물을 짓

밟고 있었어요.

"라이라프스, 달려라! 가서 저 여우를 잡아!"

여우와 라이라프스의 쫓고 쫓기는 추격전이 시작됐어요. 여우도 라이라프스 만큼 빠른 발을 가지고 있어서 여우와 라이라프스의 간격이 좀처럼 줄어들지 않았어요.

"이렇게 해서는 저 여우를 잡을 수 없겠군!"

케팔로스는 창을 힘껏 치켜 올렸어요. 그 모습을 보고 있던 제우스가 소리쳤어요.

"저 여우와 라이라프스는 신들이 아끼는 동물인데, 저러다가 라이라프스와 여우 둘 다 죽을 수도 있겠군."

결국 제우스는 재빨리 라이라프스를 별자리로 올려 주었어요. 이 별자리가 바로 큰개자리랍니다.

작은개자리

케이론에게는 아폴론의 손자인 악타이온이라는 제자가 있었어요. 그는 사냥을 매우 좋아했지요. 악타이온은 여느 날처럼 사냥개들을 끌고 사냥을 하고 있었어요. 사냥에 집중하다보니 어느새 산속 깊은 곳까지 들어가 버리고 말았어요.

"이런, 길을 잃은 것 같군. 대체 여기가 어디지?"

한참 산속을 헤매던 악타이온의 귀에 여자들의 웃음소리가 들려왔어요. 소리를 따라 가보자 아르테미스와 님프들이 강가에서 목욕을 하고 있었지요. 악타이온은 재빨리 바위 뒤에 숨어 그 모습을 훔쳐보았어요.

"거기 누구냐!"

수상한 느낌에 뒤를 돌아본 아르테미스는 악타이온과 눈이 마주쳤어요.

"그, 그게……."

당황한 악타이온은 아무 말도 할 수 없었지요. 아르테미스가 악타이온에게 물을 마구 뿌리자 물에 젖은 악타이온이 사슴으로 변했어요.

"감히 여신과 님프들의 알몸을 훔쳐보다니!"

사슴을 본 악타이온의 사냥개 중 메란포스가 사납게 짓기 시작했어요. 악타이온은 메란포스에게 멈추라고 명령하고 싶었지만 말을 할 수 없었지요. 결국 악타이온은 자신의 사냥개 메란포스에게 물려죽고 말았어요. 훗날 이 메란포스가 하늘로 올라가 작은개자리가 되었답니다.

한눈에 보이는 별자리
큰개자리, 작은개자리

알파별 (프로키온)
'개보다 먼저'라는 뜻을 가지고 있어요.

알파별 (시리우스)
하늘에서 가장 밝은 별이에요.

03 마차부자리

별이 된 그리스 로마 신화

어느 날, 지혜와 전쟁의 여신 아테나가 무기를 만들기 위해 대장장이의 신 헤파이스토스를 찾아왔어요. 아름다운 아테나를 본 헤파이스토스는 그만 아테나에게 욕심이 생겼어요.

얼마 후 아테나는 아기를 낳았고, 에리크토니오스라는 이름을 지어 주었어요.

"에리크토니오스는 당신이 맡아요!"

"무슨 소리! 엄마인 당신이 키워야지!"

헤파이스토스와 아테나는 아들 에리크토니오스를 사이에 두고 싸우고 있었어요. 두 사람이 사랑으로 낳은 아이가 아니었기 때문에 에리크토니오스는 천덕꾸러기 취급을 받았지요. 게다가 에리크토니오스의 두 다리는 뱀의 꼬리를 하고 있었지요.

"흠, 내가 이 아이를 어떻게 키운담?"

아테나는 아이를 안고 난감해했어요.

아테나는 에리크토니오스를 바구니에 담아 케크롭스의 세 딸인 아글라우로스, 헤르세, 판드로소스에게 맡겼어요. 아테네의 왕인 케크롭스도 상반신은 사람, 하반신은 뱀의 모습을 하고 있었지요.

"케크롭스의 딸들이여, 절대 이 바구니를 열어보지 마라."

이 말만을 남기고 아테나는 떠나 버렸어요.

케크롭스의 세 딸들은 시간이 지날수록 상자에 무엇이 들었는지 궁금해 참을 수가 없었어요.

"이게 대체 뭔데 열어 보지 말라는 거야?"

"그러게 말이야. 아기 울음소리가 들리는 것 같은데?"

"열어 볼까?"

"하지만 절대 열어 보지 말라고 신신당부 했잖아……."

케크롭스의 딸들은 호기심을 참지 못하고 조심스럽게 바구니를 열어 보았어요. 그러자 하반신이 뱀인 에리크토니오스가 밖으로 기어 나왔어요. 그 모습을 본 케크롭스의 딸들은 무서움에 미쳐 버리고 말았어요.

아테나는 할 수 없이 다시 돌아와 에리크토니오스를 데리고 신전으로 갔어요. 그렇게 아테나의 보살핌을 받으며 자란 에리크토니오스는 훗날 아테네의 왕이 되었어요. 왕이 된 에리크토니오스는 자신을 길러 주고 보살펴 준 아테나 여신을 극진히 모셨어요.

"어머니께 받은 은혜를 꼭 갚아야 해."

에리크토니오스는 뱀의 꼬리를 하고 있는 두 다리로는 빨리 달릴 수가 없었어요. 그래서 고민 끝에 말 네 마리가 끄는 전차를 발명해 타고 다녔지요.

제우스는 그 모습을 내려다보며 말했어요.
"전차를 발명해 자신의 장애를 극복하다니 대단하구나! 그 공을 높이 사리라!"
제우스는 훗날 에리크토니오스와 그가 만든 전차를 별자리로 올려 주었어요. 이 별자리가 바로 마차부자리랍니다.

한눈에 보이는 별자리
마차부자리

이중성으로 하늘에서 여섯 번째로 밝은 별이에요.

알파별(카펠라)

황소자리의 베타별이기도 해요.

감마별(엘나스)

04 황소자리

오호! 이 별자리를 보고 있으면 손에 땀이 난다니까.

뭘 보고 계시는데요?

황소자리! 마치 황소가 오리온자리를 향해 뿔을 치켜세우고 냅다 달려가서 들이받으려고 하는 것 같거든.

음, 황소자리의 알파별은 알데바란. 황소의 머리 부분에 있어서 '황소의 눈'이라고도 부르죠?

내가 황소의 눈 알데바란이지~

맞아! 1등성으로, 하늘의 별 중 열네 번째로 밝은 별이지.

아참, 1972년에 파이어니어 10호라는 우주선을 알데바란 쪽으로 보냈었는데 말이야.

알데바란 쪽을 탐사하러 가겠다, 오베!

우와! 진짜요? 우주선이 알데바란에 도착했나요? 거기에 다른 생명체도 있었대요?

음, 그건….

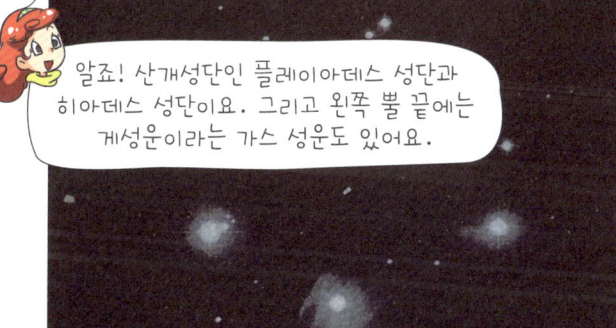

별이 된 그리스 로마 신화

"바다를 보면 마음이 편안해져!"

페니키아의 에우로페 공주는 궁전 근처 해변에서 바닷바람을 맞으며 산책을 하고 있었어요. 잔잔한 파도가 에우로페를 뒤따르듯 따라왔어요.

그 모습을 조용히 내려다보고 있던 신이 있었어요.

"파란 하늘과 파란 바다 그리고 아름다운 에우로페……. 마치 그림 같구나!"

바로 아름다운 여인들만 보면 가만히 있질 못하는 올림포스 최고의 신 제우스였지요. 바다를 보며 활짝 웃는 에우로페를 보자 제우스는 또다시 바람기가 일어났어요.

'그냥 내려가서 에우로페를 만나자니 또 헤라가 마음에 걸리고……. 에우로페를 그냥 놔두자니 내 마음이 가만있지를 않으니 어찌하면 좋을까?'

"옳지, 그 방법이 있었지!"

변신의 귀재 제우스는 에우로페를 내려다보며 씩 웃었어요.

잠시 후, 해변에 앉아 바다를 보고 있던 에우로페에게 커다란 뿔이 달린 황소가 조심스럽게 다가왔어요.

"어머나! 바다에 웬 황소가!"

에우로페는 깜짝 놀라 자리에서 일어나 뒷걸음질 쳤어요. 그러자 황소는 에우로페에게 겁먹지 말라고 말하는 듯 부드러운 눈빛을 보냈어요. 그러고는 천천히 에우로페를 향해 다가가 뿔을 에우로페의 손등에 조심스럽게 문질렀지요.

잔뜩 겁에 질려 있던 에우로페의 표정이 점점 평온해졌어요.

"착한 황소구나. 바다까진 어떻게 온 거니, 길을 잃은 거니?"

황소는 에우로페에게 올라타라는 듯 바닥에 바짝 엎드렸어요.

"응? 타라고?"

황소는 에우로페의 말을 이해하는 듯 고개를 끄덕였어요.

에우로페는 조금 망설이다가 황소의 간절한 눈빛에 할 수 없이 황소의 등에 올라탔지요. 에우로페가 등에 올라타자마자 황소는 바다로 뛰어들어 건너기 시작했어요.

"어머나! 안 돼, 멈춰!"

깜짝 놀란 에우로페가 소리쳤지만 황소는 멈추지 않고 크레타 섬까지 건너갔어요. 크레타 섬에 도착하자 황소는 에우로페를 조심히 내려 주었어요. 그리고 자신의 진짜 모습을 드러냈지요.

"나는 올림포스 최고의 신 제우스요. 그대의 아름다운 모습에 반하고 말았소. 그러니 에우로페여, 내 사랑을 받아 주시오."

제우스의 끈질긴 사랑 고백에 에우로페는 할 수 없이 고개를 끄덕였어요.

에우로페의 사랑을 얻기 위해 황소로 변신한 제우스의 모습은 별자리로 올라가 황소자리가 되었답니다.

한눈에 보이는 별자리

황소자리

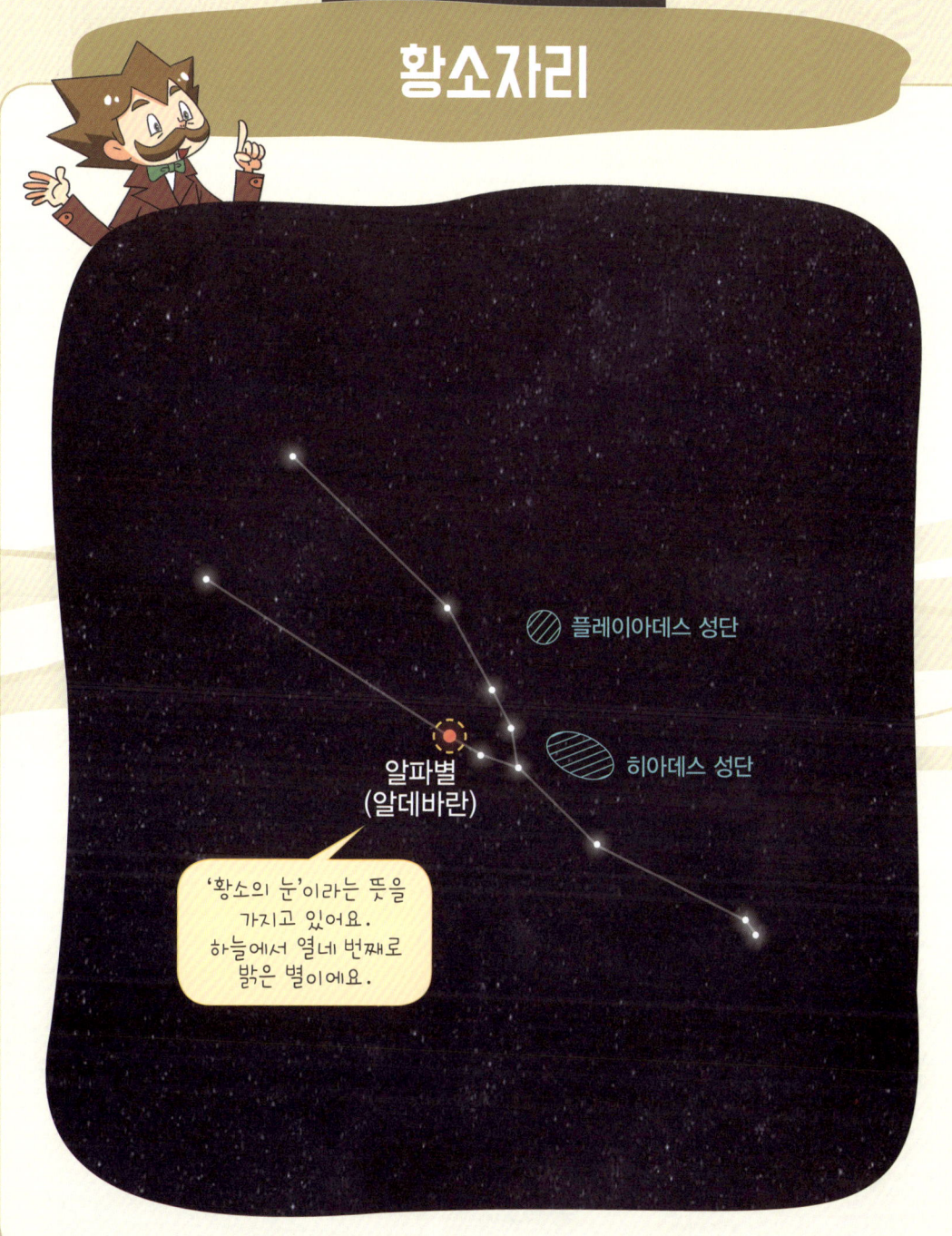

플레이아데스 성단

히아데스 성단

알파별
(알데바란)

'황소의 눈'이라는 뜻을 가지고 있어요. 하늘에서 열네 번째로 밝은 별이에요.

05 쌍둥이자리

별이 된 그리스 로마 신화

스파르타의 레다 왕비가 호숫가를 거닐며 산책을 하는 모습에 반한 제우스는 헤라에게 들키지 않기 위해 백조로 변신해 레다와 사랑에 빠졌고, 그렇게 레다는 두 개의 알을 낳았어요.

첫 번째 알에서는 카스토르라는 남자아이와 클리타임네스트라라는 여자아이가 태어났고, 두 번째 알에서는 폴룩스라는 남자아이와 헬레나라는 여자아이가 태어났지요.

첫 번째 알에서 태어난 카스토르와 두 번째 알에서 태어난 폴룩스는 사이가 무척 좋았어요. 무슨 일이든 함께하려 했지요. 모험심이 강했던 쌍둥이 형제는 아르고 원정대에도 참가했어요. 아르고 원정대란 황금 양털을 구하기 위해 그리스의 영웅 이아손과 함께 콜키스 땅으로 향한 오십 명의 사람들을 말한답니다.

모험을 끝내고 돌아온 쌍둥이 형제는 레우키포스의 딸인 포이베와 힐라에이라에게 반해 결혼을 하려 했어요. 그러나 이미 포이베와 힐라에이라에게는 각자 약혼한 사람이 있었지요. 이들의 약혼자는 아파레우스의 아들, 이다스와 린케우스 형제였어요.

"약혼을 했을 뿐이지 결혼을 한 건 아니잖아."

"맞아. 포이베와 힐라에이라를 데려와야겠어!"

카스토르와 폴룩스 쌍둥이 형제는 결국 포이베와 힐라에이라를 스파르타로 납치해 오고 말았어요. 이 소식을 전해들은 이다스와 린케우스 형제는 분노에 몸을 떨었지요.

"감히 우리의 아내가 될 여인들을 가로채다니!"

"겁도 없는 쌍둥이 형제군!"

이다스와 린케우스 형제는 그 길로 스파르타로 달려갔고, 곧 큰 전투가 벌어졌지요.

카스토르는 말을 잘 타기로 유명했지만, 힘이 센 이다스에게 상대가 되지 않았어요. 결국 이다스가 던진 창을 피하지 못하고 죽음을 맞이했지요.

"카스토르! 안 돼!"

폴룩스는 카스토르의 죽음을 목격하고 분노했어요. 자신이 상대하고 있는 린케우스를 죽이고 곧장 이다스에게 덤벼들었어요. 하지만 힘이 빠진 폴룩스는 이다스의 힘에 점점 밀렸지요.

"이러다 내 아들 폴룩스까지 죽고 말겠구나!"

이를 보고 있던 제우스는 재빨리 폴룩스를 구해 데리고 왔어요. 폴룩스는 제우스 덕분에 목숨을 건졌지만, 카스토르를 잃은 슬픔에서 헤어 나올 수가 없었어요.

"아버지, 카스토르 없이 저 혼자 살 수 없어요. 저를 카스토르에게 보내 주세요. 부탁드려요!"

제우스는 폴룩스의 간청에 할 수 없다는 듯 말했어요.

"너희의 형제애가 나를 이렇게 감동시키는구나. 좋다, 영원히 헤어지지 않게 해 주마."

제우스는 그렇게 카스토르와 폴룩스를 별자리로 올려 주었어요. 이 별자리가 바로 쌍둥이자리랍니다.

06 게자리

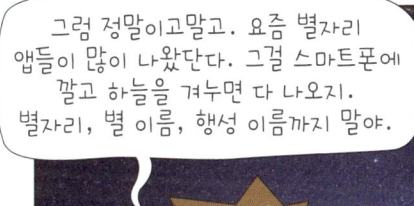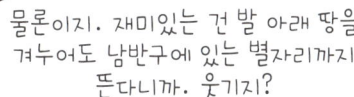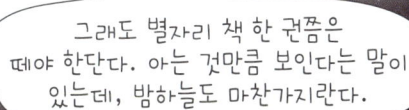

별이 된 그리스 로마 신화

"히드라! 내 손으로 죽여 주마!"

헤라클레스는 히드라를 죽이기 위해 안간힘을 쓰고 있었어요. 쉴 새 없이 칼을 휘둘러 히드라의 머리를 베었지만, 새로운 머리가 계속 자라서 도저히 히드라를 죽일 수가 없었지요. 게다가 머리 하나는 절대 죽지 않아 히드라를 죽이는 것은 불가능해 보였어요.

그 모습을 헤라가 심각한 표정으로 내려다보고 있었어요.

"헤라클레스, 정말 끈질기구나! 하지만 너도 이제 끝이다!"

헤라는 거대한 게 한 마리를 내려 보냈어요. 히드라와 싸우고 있던 헤라클레스는 거대한 게를 보고 깜짝 놀랐어요.

"히드라만 상대하는 것도 벅찬데 게까지 날뛰다니!"

게는 헤라클레스의 발목을 물기 위해 달려들었어요. 헤라클레스는 힘겹게 히드라와 싸우며 게의 공격도 계속 피해야 했지요.

"으으! 정말 귀찮은 녀석이군!"

게가 또다시 발목을 물려 할 때, 헤라클레스는 게를 발로 힘껏 내리찍었어요. 결국 게는 헤라클레스에게 밟혀 죽고, 히드라 또한 헤라클레스에게 죽임을 당했지요.

헤라는 크게 안타까워하며, 게와 히드라를 별자리로 올려 주어 게는 게자리가, 히드라는 바다뱀자리가 되었답니다.

게자리

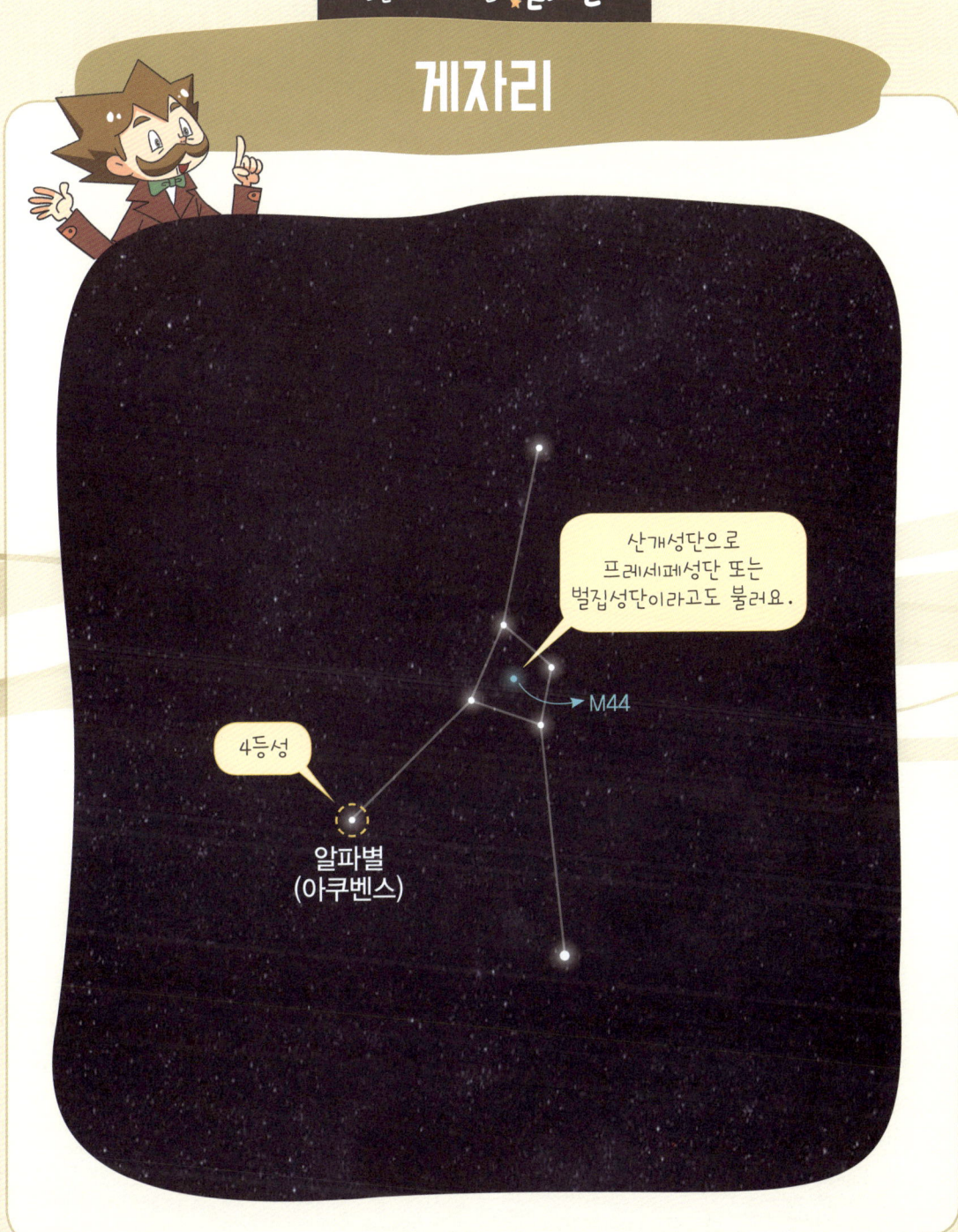

그리스 로마 신화로 배우는
별의별 박사의
별자리 연구소

초판 발행 2018년 10월 26일
초판 인쇄 2018년 10월 19일

글 김지현
그림 스위치
감수 이광식

펴낸이 정태선
펴낸곳 파란정원(자매사 책먹는아이) | **출판등록** 제395-2010-000070호
주소 서울시 서대문구 모래내로 464 2층(홍제동) | **전화** 02-6925-1628 | **팩스** 02-723-1629
제조국 대한민국 | **사용연령** 8세 이상 어린이
홈페이지 www.bluegarden.kr | **전자우편** eatingbooks@naver.com
종이 다올페이퍼 | **인쇄** 조일문화인쇄사 | **제본** 선명

ISBN 979-11-5868-151-7 73440

이 책은 저작권법에 따라 보호받는 저작물이므로 무단 전재와 무단 복제를 금지하며,
이 책 내용의 전부 또는 일부를 이용하려면 반드시 저작권자와 파란정원(자매사 책먹는아이)의 동의를 얻어야 합니다.
*잘못된 책은 구입하신 서점에서 바꿔 드립니다.